FELIPE REY DE CASTRO Y LA AGRUPACIÓN CATÓLICA UNIVERSITARIA

ENSAYO BIOGRÁFICO

COLECCIÓN FÉLIX VARELA # 66

EDICIONES UNIVERSAL, Miami, Florida, 2023

Roberto Méndez Martínez

FELIPE REY DE CASTRO Y LA AGRUPACIÓN CATÓLICA UNIVERSITARIA

ENSAYO BIOGRÁFICO

Copyright © 2023 by Roberto Méndez Martínez &
Agrupación Católica Universitaria (ACU)

Primera edición, 2023

EDICIONES UNIVERSAL
P.O. Box 450353 (Shenandoah Station)
Miami, FL 33245-0353. USA
(Desde 1965)

e-mail: ediciones@ediciones.com
http://www.ediciones.com

Library of Congress Catalog No.: 2023933303
ISBN: 978-1-59388-339-3

Composición de textos: María Cristina Zarraluqui

Diseño de la cubierta: Efraín Zabala
Diseño final de la cubierta: Luis García Fresquet

En la portada foto del P. Felipe Rey de Castro, SJ.

Todos los derechos
son reservados. Ninguna parte de
este libro puede ser reproducida o transmitida
en ninguna forma o por ningún medio electrónico o mecánico,
incluyendo fotocopiadoras, grabadoras o sistemas computarizados,
sin el permiso por escrito del autor, excepto en el caso de
breves citas incorporadas en artículos críticos o en
revistas. Para obtener información diríjase a
Ediciones Universal.

A la memoria de mi madre Josefina Martínez Álvarez, formada desde su infancia en la espiritualidad ignaciana a la sombra del templo del Sagrado Corazón de Reina.

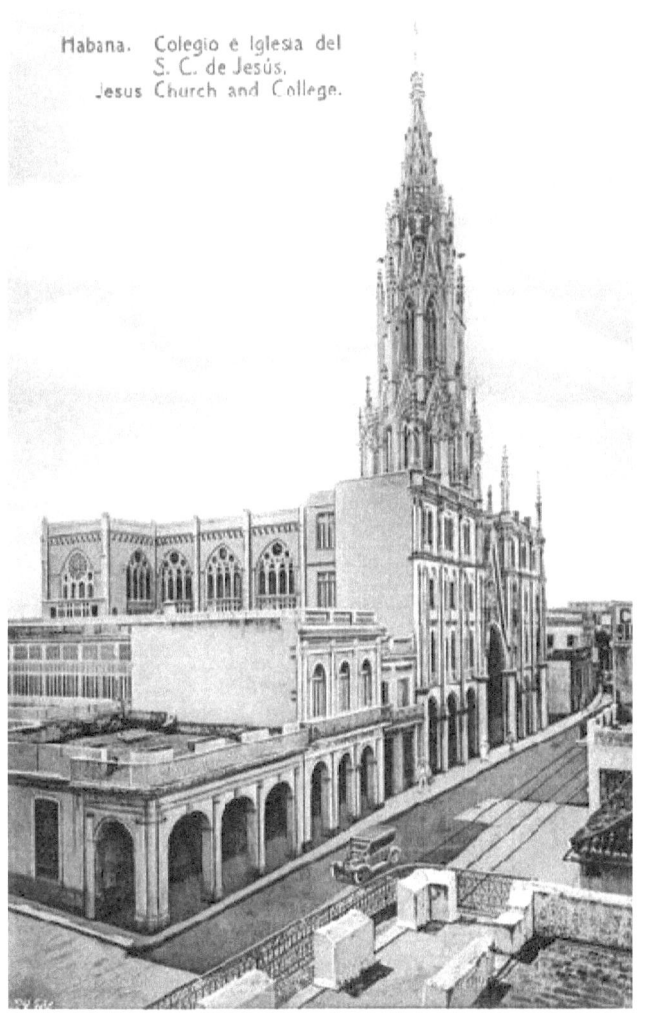

En verdad, en verdad os digo:
si el grano de trigo no cae en
tierra y muere, queda él solo;
pero si muere, da mucho fruto.
Jn 12, 24

Índice

Prólogo 11

A manera de introducción 13

I La semilla que cayó en buena tierra 15

II Los orígenes de una vocación 25

III La promesa cumplida 39

IV La formación de los selectos 45

V Los primeros pasos 51

VI Los peligros de la política 71

VII Talante de un fundador 85

VIII El apostolado social 91

IX Evangelizacion y experiencia social en Las Yaguas 97

X La conquista de la Universidad 115

XI Consagración y disponibilidad 127

XII La política como servicio 133

XIII Acción Católica y Agrupación Católica 151

XIV El mundo femenino: hacia la Rosa Mística 163

XV Tiempos de consolidación 175

XVI El Padre Rey y la Agrupación por el mundo 191

XVII	La cruzada de la bondad del P. Lombardi y el P. Rey	197
XVIII	El camino hacia el Padre	207
XIX	La cosecha	219
	Bibliografía	229
	Apéndice Consagrados a Jesús por María en la Agrupación Católica Universitaria	235

Prólogo

El miedo a la verdad

Espero que nadie se apresure a decir que, contagiado de Terencio, tengo miedo a decir la verdad, para no romper el sortilegio de ese todo con que nos deleita, en cuanto yo termine de divagar, el Dr. Roberto Méndez con ese bosquejo, perdón, Historia y con mayúscula, sobre la vida y la obra del siempre entrañable P. Felipe Rey de Castro, S.J.

Por esa pareja inseparable del biógrafo y el biografiado, es por lo que este prologuista tiene miedo a la sentencia del dramaturgo tunecino Publio Terencio, aquello de «Veritas odiumparit», que en castellano vulgar se convertiría en el título de este ensayo, sentir miedo a la verdad.

En un miedo contagioso, porque me atrevo a decir que ese miedo se comparte y hasta se contagia. Lo comparte el escritor, y ni que decir que mucho más el historiador. Y como ese miedo no paraliza, hasta es mejor que el buen historiador lo sienta. Y ese miedo, que atrevo a decir lo tuvo el Dr. Méndez Martínez, porque enfrentarse a un personaje como aquel afectuoso gallego, que se congració y se identificó con La Habana y muy pronto con los habaneros, que no sintió miedo a acudir, como recuerda el Dr. Méndez, a atender a los 400 oficiales, muchos de ellos heridos, que se habían refugiado en el Hotel Nacional el 8 de septiembre de 1933.

Eso también demuestra que Rey de Castro, «formador de selectos», como cacareaban a boca llena sus predecesores españoles, no era elitista, y estaba dispuesto a servir donde en aquel momento era aprovechable su presencia. Sería formador de profesionales de altura, pero él supo abajarse cuando era preciso. Esa anécdota que yo siempre admiré desde que la leí narrada por mano experta en el Diario de la Casa y Templo de Reina, en el archivo de aquella Casa lo retrata mejor que las glosas y notas necrológicas que se publicaron en *Esto Vir* a la hora de su intempestiva muerte.

También en eso se basa el valor que el Dr. Méndez ha tenido en emprender y llevar a término esta biografía histórica. Y destaco el adjetivo «histórica», porque ha tenido la habilidad de enmarcar esos datos en su debido contexto. El que no es historiador o solo pretende entretener, narra los datos de que disponga y se despide del auditorio, satisfecho del deber cumplido. Ese no tiene miedo a nada, así es de atrevido.

El historiador sí tiene y debe tener miedo a la verdad. Sólo así pasa de ser recopilador o simple redactor de hechos a la categoría que todos ansiamos alcanzar. No por temor, vergüenza o timidez, sino de pleno derecho. Y esa es la categoría, la única que le cuadra al Dr. Roberto Méndez por esta biografía histórica que van a disfrutar. Se lo prometo.

José Luis Sáez, S.J.
Santo Domingo, R.D.

A manera de introducción

Una de las tareas más difíciles que he debido enfrentar en mi vida como escritor e investigador, ha sido el encargo de este libro por la Agrupación Católica Universitaria de Miami. En primer término porque su redacción entraña una gran responsabilidad, en tanto debe ser la primera biografía del Padre Felipe Rey de Castro SJ, de modo que, aunque existen textos anteriores sobre su fundación y dirección de esa congregación mariana, no hay un libro que preceda a este en el estudio biográfico del personaje y además porque como hacerlo significa apoyar el proceso de beatificación que se ha comenzado a instruir recientemente, supone el fino discernimiento de una trayectoria vital en la que es preciso demostrar no solo sus méritos humanos sino sus virtudes heroicas.

No pocas veces me he detenido en medio de estas labores creyendo que no era capaz de llevar a buen puerto el encargo, pero la constancia y la oración me ayudaron a vencer esas debilidades.

Como sucede con las primeras biografías de grandes personalidades, ésta debe abrir una larga ruta, en la que otros me relevarán en la tarea de ofrecer imágenes más exactas de un sacerdote y de una agrupación católica universitaria. No hay cómo ofrecer un modesto resumen de lo que se ha conseguido investigar para que otros descubran que poseen algunas de las piezas del mosaico faltante. De manera que, si de algo vale este libro primerizo, es para advertir que es preciso seguir investigando para completar, a todo color, la imagen que aquí procuré dibujar.

Varias dificultades vinieron a asediarme en mi trabajo, en primer término la dispersión de los archivos para investigar, la pérdida de muchísimos documentos que hubieran facilitado mi labor y la ausencia casi absoluta de testimoniantes en Cuba, agravadas por la imposibilidad de viajar para conocer los escenarios donde nació y se formó mi biografiado, así como consultar otras colecciones de interés.

Estas carencias fueron suplidas gracias al apoyo del Sr. Efraín Zabala, quien no solo ha sido mi contacto con la ACU en Miami sino un asiduo proveedor de documentos digitalizados para nutrir mi estudio. Así mismo debo agradecer a la Compañía de Jesús en Cuba, especialmente al P. Román Espadas SJ, sus consejos y su apoyo para acceder a otros materiales. Fue muy importante el apoyo de Juan Manuel Salvat, no solo como amoroso editor del libro, sino por aportar testimonios y memorias de sus experiencias con la Agrupación en Sagua la Grande y La Habana. No quiero olvidar a la revista *Palabra Nueva* y su jefa de redacción Yarelis Rico, que me ofrecieron desinteresadamente las páginas digitales y las impresas de la publicación para dar a conocer un artículo que era la anticipación y divulgación de algunos de los primeros resultados.

Fue fundamental también el apoyo de mi esposa, que por más de dos años se sacrificó para que pudiera concluir esta obra. En condiciones muy difíciles, ella debió asumir sola buena parte de las obligaciones cotidianas mientras yo, en mi rincón de trabajo, procuraba desentrañar informaciones fragmentarias, comparar datos, llenar vacíos y dar forma definitiva a estas páginas.

Sabemos que el tiempo de Dios no es idéntico al limitadísimo de las criaturas humanas. Quizá la vida no me alcance para asistir al momento en que se declare beato al Padre Rey, pero doy gracias a Cristo por llamarme a servir humildemente en esta causa, lo que me permitirá, como a Moisés, contemplar desde lejos la Tierra Prometida, en la que probablemente no llegue a entrar. Unos siembran y otros cosechan. Espero que el Señor de la Historia tenga una mirada compasiva para esta modesta ofrenda que pongo ante su altar.

El Autor

I
La semilla que cayó en buena tierra

En septiembre de 1925 abrió sus puertas la nueva sede del Colegio de Belén de la Compañía de Jesús en Marianao. Una instalación moderna, amplia y bien equipada venía a sustituir a su asentamiento inicial en la parte más antigua de La Habana: el convento de Nuestra Señora de Belén, donde nació la institución en 1854 con el nombre de Real Colegio de La Habana, aunque pronto se le conocerá sencillamente como Colegio de Belén, nombre que arraigará por el resto de su historia.

El centro educativo había acumulado prestigio durante sus más de setenta años de existencia. No solo era la más prestigiosa de las escuelas religiosas para varones de la Isla, sino que pronto se convirtió en uno de los colegios preferidos por las clases pudientes del país. En sus aulas se formaron intelectuales prominentes como los destacados médicos Pedro y Joaquín Albarrán Domínguez, el poeta y periodista Julián del Casal de la Lastra y, hasta 1925, había llegado a presidente de la República uno de sus ex alumnos: el General José Miguel Gómez, veterano de la Guerra de Independencia y fundador del Partido Liberal. Durante el resto de su historia hasta 1961 habrá cuatro jefes de estado más formados en este centro o en otro colegio jesuita del país: Carlos Mendieta Montefur, Miguel Mariano Gómez Arias, Carlos Prío Socarrás y Fidel Castro Ruz.

El edificio nuevo estrenaba también un directorio flamante. El 31 de julio era nombrado como rector el P. Antonio Galán Arias, quien venía a sustituir al P. Camilo García. Este religioso español, natural de León, nacido en 1883, permanecería en su cargo hasta octubre de 1930. A su lado, había un joven gallego, de corta estatura y rostro sonriente, que acababa de concluir su tercera probación en la Santa Cueva de Manresa y fue destinado a Cuba para desempeñar el cargo de Prefecto de Disciplina y Secretario. Era el P. Felipe Rey de Castro (Brión, Galicia, 1889 – La Habana, Cuba, 1952).

Colegio de Belén

La impresión inicial que aquel joven directivo pudo causar al alumnado la conservamos gracias al testimonio de uno de los estudiantes avanzados del Centro que pronto se convertiría en uno de los más importantes colaboradores del padre Rey en la fundación de la Agrupación Católica Universitaria, el futuro Doctor en Medicina Juan Antonio Rubio Padilla:

> Entre las novedades estaba el Prefecto: R. P. Felipe Rey de Castro. Su cara afable y la franqueza de su trato nos ganó desde el primer momento. Pero una pregunta surge de nuestros labios mecánicamente: ¿Serviría como Prefecto un hombre tan joven, tan sonriente y tan sencillo?
>
> Acostumbrados a confundir la disciplina con el rigor coercitivo. Crecidos en el régimen de la vigilancia desconfiada y del reglamentismo mecanizado, no concebíamos la

autoridad sino como cosa seria y pronta a descargar sobre nosotros reproches y castigos.

La antítesis del Prefecto clásico era aquel curita gallego, simpático, alegre, sencillo.[1]

Comunidad de Padres y Hermanos, maestros inaugurales del nuevo Belén de 1925, homenajeados la noche anterior a la apertura. Ellos son los Padres Rey de Castro, Bonifacio Alonso, Franganillo, L. Estefanía, Tadeo, Hurtado, Goberna, Barbeito; y los Hermanos Gonzalo, Peláez, Magdalena, Espeso, Arregui, García y Oribe.

La reacción del aventajado estudiante era perfectamente explicable. El claustro del colegio estaba formado por maestros muy competentes en su materia, baste con citar al P. Pelegrín Franganillo Balboa (León, 1873 – La Habana, 1955) uno de los grandes especialistas en el estudio de los arácnidos, primero en España y después en Cuba y al P. Rafael Goberna Costas (Pontevedra, 1903 – La Paz, 1985), científico destacado de los estudios meteorológicos en el país, además de figuras muy competentes como los padres Bonifacio Alonso, Emilio Hurtado Ruiz y Francisco Barbeito Ramos. Ellos, junto a la excelente y costosa instalación, parecían garantizar una formación muy avanzada; sin embargo, los métodos educativos no eran tan novedosos.

---

[1] Dr. Juan A. Rubio Padilla: «La Génesis de la ACU». Prefacio a M. Figueroa: *Historia de la Agrupación Católica Universitaria*, p.9.

La disciplina se imponía a través del mayor rigor. En vez de cooperar con los estudiantes se les amenazaba con castigos y se mantenían en muchos casos los métodos de aprendizaje provenientes de la centuria anterior: memorización mecánica de los contenidos, aprendizaje por repetición y predominio de la coerción por encima de la creatividad. Tal cosa se agudizaba en tanto muchísimas familias consideraban al colegio una institución semejante al ejército que debería someter a sus hijos con la disciplina que en la casa no lograban inculcarles.

Todavía en mi infancia escuché la socorrida frase popular: «Ojalá pudiera mandarte a Belén, para que los jesuitas te enderezaran». La piedad religiosa era impuesta como cuestión reglamentaria. Eso explica que buena parte de los estudiantes practicaran solo los deberes religiosos exigidos y, después de graduarse, se alejaran muchos de la práctica de la fe.

Esto se agravaba por las circunstancias sociales. Al iniciarse el siglo XX la Iglesia en la Isla era continuamente acusada en el plano público de haber sido incondicionalmente española y enemiga de la independencia. Entre los intelectuales y políticos del momento predominaban la masonería, el agnosticismo y el anticlericalismo. Había un concepto bastante generalizado a nivel de las familias del «régimen de cristiandad», se acudía a los templos para contraer matrimonio, bautizar a los hijos y asistir a misas de difuntos. Solo una cifra mínima de los que se confesaban católicos cumplía con el precepto dominical. Más aún, los hombres devotos eran considerados por sus congéneres como «débiles» y «poco masculinos», en tanto la religión era llamada «cosa de mujeres». Muy pocos varones se atreverían en público a recibir la eucaristía, rezar el rosario o practicar alguna otra forma de devoción.

Esta situación comenzó a revertirse muy lentamente en sectores católicos muy selectos, gracias a iniciativas como la fundación de los Caballeros de Colón por el sacerdote agustino P. Edward Moynihan OSA en 1909, en la parroquia del Santo Cristo del Buen

Viaje, con el propósito de contrarrestar con sus ritos y ceremonias el influjo de las logias masónicas.

Unos meses antes de la llegada del Padre Rey a Cuba, el 4 de enero de 1925, en Sagua la Grande, se creó, por iniciativa del abogado Valentín Arenas Armiñán y de los PP. Esteban Rivas SJ y Cástor Apráiz, OFM, la Asociación de Caballeros Católicos, que sólo cuatro años después se convertiría en la Asociación Nacional de Caballeros Católicos.

En el propio año 1925 se celebra en la Universidad de La Habana el Congreso Nacional de Estudiantes. Entre los participantes, además de los estudiantes universitarios y de bachillerato, había otros provenientes de escuelas religiosas, entre ellos una delegación enviada por el Colegio de Belén. El evento fue difícil para los católicos, quienes debieron defenderse contra los abiertos ataques a la enseñanza privada, especialmente la católica, por parte de jóvenes de pensamiento comunista como Julio Antonio Mella y Alfonso Bernal del Riesgo.

Eso no solo obligó a aquellos jóvenes cristianos a defender en público su fe y los derechos de la institución religiosa, sino que después del evento, los representantes de colegios católicos comenzaron a reunirse y a madurar la idea de conformar una federación. El catalizador de la idea fue el Hermano Victorino del Instituto de los Hermanos de las Escuelas Cristianas —más conocidos como Hermanos de La Salle— quien propició el nacimiento de la Federación de la Juventud Católica Cubana el 11 de febrero de 1928, en el colegio que la congregación poseía en el Vedado.

A esto habría que añadir una congregación mucho más antigua y a la vez cercana al contexto donde el joven religioso gallego realizaba su labor educativa: la Congregación Mariana de la Anunciata, descrita así en la *Introducción a la historia de la Iglesia Católica en Cuba*:

> Fue fundada en 1875 por el Padre Manuel Piñán, S.J, en el antiguo Colegio de Belén. La congregación fomentaba la

espiritualidad jesuítica, y cultivaba la dimensión formativa y apostólica. Muy probablemente fue en ese medio donde primero se estudió en Cuba la encíclica *Rerum novarum* de 1891. Los «anunciatos» contaban con la ayuda de los profesores de Belén. Como un fruto de este movimiento nació la «Congregación Mariana Obrera de la Caridad y San José», uno de los primeros intentos católicos de gremialismo obrero en Cuba, en una época en que estas agrupaciones estaban muy influidas por inmigrantes españoles de tendencia anarquista.[2]

Inicialmente la congregación tenía apenas 40 miembros, entre ellos 25 estudiantes o antiguos alumnos de Belén y 8 comerciantes. Después de la construcción del nuevo templo en la Calzada de Reina, en 1923, se edificó al fondo, por la calle Estrella, una nueva sede para los congregantes, de tres plantas, con un gran salón de actos, capilla, aulas y otras dependencias. Durante el mandato de su último director, el P. Esteban Rivas Serna SJ (Santander, España, 1878 – Cali, Colombia, 1962) la asociación multiplicó su número de asociados y el alcance de sus actividades que incluían conferencias, proyecciones cinematográficas, estudios de materias religiosas y promovían publicaciones periódicas. A punto de ser clausurada en 1961, La Anunciata tenía registrados 2,952 congregantes o socios.[3]

Aunque sabía del funcionamiento de esas asociaciones, el novel maestro de Belén aspiraba a algo nuevo: un grupo selecto de estudiantes cuya espiritualidad se cultivara de manera exigente, paralelamente con la formación humana, profesional y social. Eso explica que muy poco después de iniciado el curso comience una serie de entrevistas para elegir a aquellos que tenían condiciones

---

[2] Rivas y Méndez: *Introducción a la historia de la Iglesia Católica en Cuba*, p.79.

[3] Cf. Sáez: *Presencia de los jesuitas en el quehacer de Cuba*, p.109. Aunque la congregación como tal desapareció, la Compañía pudo preservar, milagrosamente, su sede, que hoy alberga el Centro Fe y Cultura Loyola.

para formar parte de una novedosa experiencia formativa. Su propósito fue admirablemente resumido por Rubio Padilla, uno de los primeros seleccionados, como: «Fortalecimiento de la voluntad con la asistencia de la Gracia para el cumplimiento libre de nuestros deberes propios».[4] Tales deberes en el caso de aquellos estudiantes estaban asociados a los ideales de castidad y estudio.

Primera tanda de Ejercicios ignacianos para bachilleres y estudiantes universitarios de la Isla.

Con aquel memorable cuarto año de 1925 a 1926 se hizo el primer ensayo de un plan que, en estricto rigor no se diferencia esencialmente en nada del plan de la A.C.U.: Educarnos la voluntad a la manera de San Ignacio; enseñarnos a estudiar como hombres; meternos dentro del corazón el ideal heroico de la castidad y enseñarnos en Ejercicios Espirituales las normas ascéticas y las técnicas del espíritu que mejor nos podían poner en condiciones de vencer. ¡Qué Ejercicios aquellos, sus primeros en Cuba! ¡Con qué santa envidia nos debieron de mirar todos a los que tuvimos el privilegio, la gracia de recibir las primicias de aquel

---

[4] Dr. Juan A. Rubio Padilla: «La Génesis de la ACU», p.10.

Apóstol de Dios! Esta fue la segunda gran piedra del cimiento agrupacional: Los Ejercicios Espirituales.[5]

Como conocen los fieles cercanos a la Compañía de Jesús, los Ejercicios, creados por su fundador, san Ignacio de Loyola, son la columna vertebral de su espiritualidad. El asociar la antigua tradición del retiro y la soledad monástica con una guía ordenada para la meditación y que debe concretarse en propósitos definidos para transformar la vida de quien se ejercita y mostrar su amor a Cristo a través de obras concretas, fue uno de los grandes aportes a la vida religiosa post tridentina.

Aquellos Ejercicios con los estudiantes escogidos marcaron la diferencia para algunos de ellos. Depositaron una semilla en sus almas y se convirtieron en el germen de la futura Agrupación Católica Universitaria.

Eso explica que los primeros de aquel grupo que se graduaron y comenzaran la Universidad no solo no se alejaron de la fe, sino que perseveraron en seguir con la naciente Agrupación:

> Durante este curso, el primero nuestro en la Universidad, nos habíamos mantenido asistiendo todos los domingos a una Misa que nos decía el propio Padre Rey a las 9 a.m. en la Capilla de Belén. Lo ayudábamos [José] Rouco y yo. Asistíamos casi todos los del célebre cuarto año que nos habíamos graduado meses antes. Comulgábamos y después desayunábamos juntos con el mismo espíritu de los desayunos dominicales de la A.C.U. y al llegar Semana Santa de 1927 se operó el primer milagro público: nos encerramos libremente en Belén tres días para hacer los primeros Ejercicios de Universitarios que se hicieran en Cuba.[6]

De los 25 ejercitantes previstos, asistieron 22, lo que contradijo el escepticismo de varios de los miembros de la Compañía que

---

[5] Ibidem.

[6] Dr. Juan A. Rubio Padilla: «La Génesis de la ACU», p.11.

consideraban al joven Rey de Castro como un iluso, cuyos empeños estaban destinados al fracaso. Aquellos Ejercicios depositaron la semilla evangélica en una buena tierra. Allí arraigaría la futura ACU.

El pequeño grupo de estudiantes universitarios que asistían a misa los domingos en Belén y habían quedado comprometidos con hacer una vez al año los Ejercicios, eran ya una pequeña congregación, todavía no asentada, pero viva, como afirma Rubio:

> El esfuerzo cotidiano de año y medio de dificultades y tropiezos se convertía en realidad. La A.C.U. había dejado de ser un deseo, un proyecto y un ideal. Como un recién nacido pobre no teníamos nombre, ni casa, ni propiedades, ni nos daba la bienvenida ningún cronista social, pero existíamos y lo demás vendría por añadidura.
>
> Lo fundamental y lo grande estaba logrado. La casa propia cerca de la Universidad, ya desde entonces claramente planeada, el himno, la bandera, el acta notarial de su constitución legal, y todo lo demás era importante, pero no esencial, Lo esencial se consideraba logrado. Ya el P. Rey tenía su agrupación de católicos universitarios.[7]

Pero, cuando más necesitaba aquel puñado de jóvenes a su celoso pedagogo y guía espiritual, apareció una dificultad que parecía casi insalvable. Muy pocos meses después de aquel retiro, en el verano de 1927, el joven padre Felipe recibe la disposición superior de que debe retornar inmediatamente a España donde se le destina al Colegio La Inmaculada de Gijón, nuevamente como Prefecto y Secretario.[8]

---

[7] Dr. Juan A. Rubio Padilla: «La Génesis de la ACU», p.13.

[8] En el Catálogo del Colegio La Inmaculada de Gijón, correspondiente al Curso 1927-1928 aparece con estos cargos. No ha podido verificarse su continuación en ellos en los cursos que siguieron hasta 1931, por estar mutilados o destruidos los registros del Colegio, a causa de los enormes daños que sufrió la institución durante la Guerra Civil.

Varios de sus agrupados lloran amargamente su partida. Ellos, como los discípulos camino de Emaús, creen que todo está perdido. El propio Rubio Padilla, a quien el fundador deja como guardián de la mies, se siente sin fuerzas para desempeñar la tarea cuando acompaña al religioso al muelle de San Francisco, donde el barco está a punto de zarpar. Sin embargo, el alma de aquel pastor no tiene lugar para dudas, porque su fe en Cristo está incólume:

> El P. Rey con la sencillez evangélica tan propia de los que tratan con Jesucristo me dijo: Yo seguiré siendo vuestro Director desde España, y mis oraciones serán todas para vosotros, pero el Jefe verdadero y el Maestro permanece entre vosotros y no puede fallar. ¡No falles tú, no fallen ustedes y no fallará El![9]

Esas palabras fueron un lenitivo para aquel joven y desde ese momento y durante casi cuatros años, lo impulsaron a esperar «contra toda esperanza»[10] y hacer durante casi cuatro años las más increíbles gestiones para asegurar el retorno del P. Rey a Cuba.

Colegio Inmaculada de Gijón

---
[9] Rubio Padilla: «La Génesis...», p.13.
[10] Rom 4, 18

II
Los orígenes de una vocación

En este paréntesis, mientras el padre Rey se asienta en el colegio de Gijón, desempeña su prefectura e imparte clases de Matemáticas y Religión a los alumnos de quinto y sexto grados, siempre lleno de esperanza en la Divina Providencia, dedicaremos unas páginas a un tema importantísimo: la historia de la vocación de aquel notable jesuita, lo que ayudará a explicarnos mejor su personalidad y sus empeños.

Felipe Rey de Castro había nacido en Brión, provincia de La Coruña, Galicia, el 8 de noviembre de 1889. Era hijo de Apolinar Rey y Juana de Castro. Fue bautizado en la parroquia de San Félix, en la misma localidad, en la tarde de ese mismo día, por el capellán Gerardo de Castro en la tarde del mismo día. Fueron sus padrinos el P. José María de Castro, tío de su madre y párroco de aquella iglesia y María Ventura Castro, hermana de Juana.

San Félix, La Coruña, Galicia

Las noticias sobre la primera década de su vida, no son muchas pero sí elocuentes. Había nacido en el seno de una familia fervientemente católica, no solo era sobrino nieto del párroco de Brión, sino que una hermana de su madre, Benita Castro, era religiosa en el Monasterio de las Madres Benedictinas en Cuntis, Pontevedra y llegó a desempeñarse como abadesa de este.

Apenas doce días después de su nacimiento, falleció Apolinar, su padre. Su crianza quedó a cargo de su madre, quien, aunque tenía ciertos recursos económicos debió buscar apoyo en el padrino para su crianza. Según recuerdan algunos miembros de la familia, este recibía a «Felipito» frecuentemente en la rectoría: «era segura su visita los jueves por la tarde, los sábados para quedarse el Domingo allí, y lo mismo otros días que el niño no tuviese clases»[11] y no eran extrañas las idas con su madre al monasterio benedictino.

Sor Benita escribió años más tarde que Felipito fue «siempre tan cariñoso, dócil e inclinado a la piedad desde su niñez, que era generalmente querido de cuantos le trataban»[12] y que las religiosas de la comunidad lo «adoraban y veneraban». Sin embargo, estos afectos no lo convirtieron en un chiquillo mimado: «Su madre lo educó con ternura y severidad a la vez pues no obstante ser hijo único, nunca le consintió caprichillos de niño, aunque este lo crió Dios Nuestro Señor de tan buena índole que muy poco dio que hacer a su madre».[13]

También gracias a este testimonio sabemos que los primeros estudios del niño fueron en el Colegio La Guardia que en Pontevedra regía la Compañía de Jesús. Donde, según la tía monja «fue modelo de virtud, de aplicación y de cumplimiento de su deber».[14]

---

[11] Carta de Sor Benita Castro al Dr. Jorge Casteleiro, 2 de abril de 1952, p.2.
[12] Ibidem.
[13] Ibid, p.3.
[14] Ibidem.

Más amplia es la información sobre sus años de bachillerato, cursados en el Colegio Apóstol Santiago de Vigo, también bajo la égida de la Compañía. Esos son años decisivos para la vocación de Felipe, en primer término, allí tiene su primer contacto con los Ejercicios ignacianos, como relata el historiador jesuita Evaristo Rivera:

> La importancia de un buen Padre Espiritual se demostró en 1907 en que, gracias a la iniciativa del que lo era entonces (el P. Maximiliano Sanmartín), se introdujo en el Colegio una costumbre que ya se observaba en otros, a saber, que los nuevos bachilleres fuesen en verano a practicar los ejercicios espirituales y hacer a su luz la elección de estado, como quería San Ignacio.[15]

Antiguo Colegio de la Guardia

Si esta práctica espiritual influyó visiblemente en la vocación religiosa de Rey, fue perfectamente complementada por otra que

---

[15] Evaristo Rivera: *Colegio Apóstol Santiago*, p.218.

estaría con él a lo largo de su vida: la pertenencia a la Congregación Mariana del colegio. Así argumenta Rivera:

> La devoción a la Virgen continuaba siendo una palanca decisiva para catalizar el entusiasmo religioso y promover anhelos de una mística pureza en aquellas almas juveniles [...] En 1904 se celebró el 50º aniversario del dogma de la Inmaculada. Fue un año mariano por excelencia, jalonado por un sin fin de actos y prácticas conmemorativas. La Congregación mariana florecía y era el fermento en la masa de los 115 alumnos que componían el Colegio.[16]

No es difícil suponer que mientras agrupaba a los estudiantes de Belén para una novedosa experiencia espiritual evocara aquellas experiencias como congregante que tuvo cerca de los quince años.

Por las Actas de la Congregación sabemos que fue aceptado como miembro de la «Congregación Mariana de la Inmaculada Concepción y de S. Luis Gonzaga» el 19 de marzo de 2003, en la festividad de San José.[17] Poco más de un año después, el 20 de noviembre de 1904, en la Junta de la Congregación, es nombrado «capillero» y como tal actuará durante los festejos del año mariano aludidos por Rivera. En el folleto titulado «Año Mariano en el Colegio del Apóstol Santiago» se incluyen los «Obsequios recogidos por la Liga mariana entre los alumnos del Colegio y ofrecidos a la Virgen Inmaculada en su año jubilar», entre ellos se destaca el escrito por el estudiante Felipe Rey de Castro: «Sin tu amor soy como ave sin nido».[18]

Podrá decirse que la frase corresponde a la sensibilidad y lenguaje de un adolescente, que no hay en ella más que una especie de

---

[16] Ibidem.

[17] *Actas de la Congregación Mariana de la Inmaculada Concepción y de S. Luis Gonzaga*, p.179.

[18] *Año Mariano en el Colegio del Apóstol Santiago*, p.47.

poesía elemental. Sin embargo, considero que en esa sencilla línea están retratadas algunas de las virtudes que poseerá el futuro jesuita: la concisión, la belleza para expresar los asuntos del espíritu y esa fuerza expresiva de los que son verdaderamente fuertes y no temen comprometer su condición masculina por expresar con sinceridad su devoción.

No es de extrañar que este bachiller piadoso, sensible, pero de recia constitución física y moral, hallara en su interior, hacia el fin de sus estudios, una vocación religiosa a la que se entregaría sin dudas por el resto de su existencia. Seguramente su decisión no sorprendió a sus profesores, ni a sus hermanos congregantes, mucho menos a su piadosa madre o a la tía Sor Benita.

Quizá algún pariente o conocido pensó que era uno más entre los numerosos miembros de la familia dedicados a la Iglesia, pero no podían imaginar que, entre ellos, sería alguien excepcional en su fidelidad, coherencia y en el ejercicio de virtudes heroicas dentro de su vida como jesuita y su ministerio sacerdotal.

El 7 de septiembre de 1908 el joven gallego entró en el Noviciado de la Compañía de Jesús en Carrión de los Condes, Palencia. Tal vez era ese el primer desplazamiento de su región natal, pero aquella casa, situada en medio de la llanura castellana y muy lejos del mar, aunque debió resultarle extraña a su llegada, pronto le sería familiar, no solo porque en ella se mezclaban novicios provenientes de los más diversos puntos del reino español sino porque todos estaban unidos por la voluntad de formarse «para mayor gloria de Dios».

Aunque viviera atenido a la estricta disciplina de aquel lugar, no es difícil imaginárselo recorriendo el bellísimo claustro plateresco del monasterio de San Zoilo, u orando en la iglesia de Santiago, una devoción que han mantenido tan viva los nacidos en tierra jacobea.

Mucho debieron impresionar su imaginación juvenil las tradiciones y leyendas sobre Sor Luisa de la Ascensión, monja que vivió entre los siglos XVI y XVII, que fue por dos veces abadesa del Convento de Santa Clara, gran defensora de la Inmaculada Concepción cuando todavía no había sido proclamado el dogma y con tal fama popular de taumaturga que fue procesada por la Inquisición durante más de catorce años, hasta liberarla de toda sospecha después de su muerte. Tal vez alguno de sus maestros le mostrara la sepultura de la religiosa en aquel convento y le refiriera que en los años en que ella empuñara el báculo en aquella casa, igualó a todas las religiosas en las obligaciones, aunque provinieran de familias nobles e hizo llevar el voto de pobreza con tal rigor que le ganó la ojeriza de algunas monjas y sus influyentes familias. Sin olvidar, seguramente, referirle que además la audaz religiosa adornaba sus devociones con cantares y coplas, pues era versada en música y algunos se habían escandalizado pues modificaba conocidos poemas amorosos profanos para cambiarlos «a lo divino» como hizo con algunos textos de Lope de Vega.

Sabemos que en 1910 pronunció Felipe sus primeros votos y que su maestro de novicios era el padre Camilo García (Orense, 1863 – La Habana, 1942), una figura que aparecería más de una vez en su vida. Hasta el momento no hay referencias de cómo eran las relaciones entre maestro y novicio, pero si conocemos los métodos formativos de la época podemos intuir que el primero se manifestaba habitualmente como severo y exigente con el estudiante, a veces hasta el extremo, porque se suponía que eso fortalecía su carácter y su capacidad de obediencia, mientras que el novicio exhibiría la paciencia, fidelidad y devoción que ya sabemos lo acompañarán a lo largo de su existencia.

Años después, cuando Rey llegue a Cuba en 1925, el P. García habrá cesado en su encargo brevísimo como Vicerrector de Belén (1924-1925). Sabemos por el texto del P. Sáez *Presencia de los jesuitas en el quehacer de Cuba,* que no solo permaneció en la Isla, sino que entre 1931 y 1933 fue Viceprovincial de Cuba y desde esa posición fue muy crítico con la recién fundada Agrupación Católica Universitaria, con el pretexto del desagrado que supuestamente mostraban las altas esferas del gobierno de Gerardo Machado por esa entidad universitaria, a la que consideraban de carácter conspirativo.

Si además conocemos que el P. Camilo se mantuvo en la comunidad de Reina, donde se encontraba su antiguo discípulo desde su retorno en 1931, hasta su fallecimiento en 1952, tenemos una muestra de los roces que el ferviente jesuita debió sufrir con caridad y paciencia con otros hermanos de la Compañía. Como registran las vidas de tantos santos, fundadores de congregaciones o de iniciativas pastorales, algunos de sus peores críticos y hasta opositores se encuentran siempre entre los que tienen a su alrededor y precisan de mucha entereza para sufrir sus agravios, hasta que Dios ponga las cosas en su sitio.

Tras pronunciar sus primeros votos en 1910, al fin de los dos años de noviciado, el joven Felipe debe permanecer por dos cursos más en la casa de Carrión de los Condes para cumplir con los estudios del «juniorado» que incluían Humanidades, Retórica y otras materias. Después, deberá continuar estos, por dos cursos más, en el Colegio La Merced de Burgos.

Como la *ratio studiorum* de la Compañía es larga y exigente con sus formandos, entre 1914 y 1917, deberá hacer los tres cursos de Filosofía, en Oña, localidad de la provincia de Burgos, antes de iniciar el ciclo llamado «magisterio», para el que se le destina al Colegio de Orduña en Vizcaya, donde permanece entre 1917 y 1920.

Precisamente de esa etapa ha quedado un documento fundamental para conocer el talante espiritual del joven formando. Se trata de una carta suya, dirigida al P. Modesto Armisén, el 1 de agosto de 1918, en la cual se refiere a la piedad de los estudiantes en Orduña y muy especialmente al funcionamiento allí de una Congregación Mariana que presta un generoso socorro a los necesitados.

En la extensa epístola, redactada por él a solicitud de sus compañeros de formación, destaca la intensa devoción al Sagrado

Corazón de Jesús, promovida por el Apostolado de la Oración; las misas con comunión general de los primeros viernes de mes; el trabajo de las Misiones, especialmente las recaudaciones para sostener la misión de China; pero resalta especialmente el fervor con que los estudiantes se acogen a la Congregación Mariana. Como la extensa misiva corría el riesgo de que el destinatario la juzgara como un informe harto apologético, su autor se permite cerca del final un rasgo de humor: «Y al llegar aquí, me podía decir V. R.[Vuestra Reverencia]: ¿Y qué?, ¿no han pensado Vdes. en canonizar a los colegiales de Orduña? —A algunos con el tiempo quién sabe; pero a todos no, Padre».[19]

Unas líneas después, su tono hace presentir ya el buen juicio del formador de jóvenes que hay en él: «lo más edificante de nuestros colegiales, como más íntimo, tampoco va insertado en estas páginas, y que, compensando sus virtudes con sus defectos, merecen con toda justicia el título de edificantes y son bien dignos de la carta que se les dedica».[20]

Aunque apenas tiene 29 años y está lejos de haber completado su formación como jesuita, hay algo en su discernimiento y en el vigor de sus expresiones que anuncia ya al fundador de la Agrupación Católica Universitaria y al gran maestro espiritual de la juventud cubana que llegará a ser.

A fines del verano de 1920, Felipe sale por primera vez del territorio español. Ha sido destinado al prestigioso «Ignatius Colleg» de Valkenburg-Limburg (Holanda) donde debe realizar los cuatro cursos del ciclo de Teología. La institución es una de las joyas de la Compañía de Jesús. Se trata de un centro de formación internacional donde se educan jesuitas de diversas partes de Europa. En

---

[19] «ORDUÑA. Fructuosa labor con los alumnos. Carta del H. Rey al P. Armisén». *Cartas Edificantes de la Provincia de Castilla*, tomo VII, núm. 1°, marzo de 1919. Bilbao, La Editorial Vizcaína, 1919, p.20.

[20] Ibidem.

sus aulas hay españoles, holandeses, alemanes y de otras naciones.

Era un centro grande, donde, según las estadísticas que se conservan, entre profesores, discípulos y hermanos coadjutores había habitualmente unas 300 personas. Todos estaban unidos por el carisma ignaciano, pero, a la vez, primaba la diversidad de lenguas y culturas, lo que ayudaba a los formandos a prepararse para servir en cualquier punto del mundo donde se les destinara.

El modo más seguro de mostrar el rigor formativo del instituto es a través de la ejecutoria de algunos de sus maestros y discípulos. Por los años en que Rey estuvo allí, el prefecto de estudios era el P. Agustín Bea, profesor de Sagrada Escritura, futuro cardenal y figura relevante para el desarrollo del Concilio Vaticano II. También resultaban notables los profesores Joseph Fröbes, catedrático de Psicología y Augustin Merk quien impartía Nuevo Testamento.

En los registros de la institución se ha podido comprobar que entre los condiscípulos de nuestro biografiado, había otros religiosos que resultarían figuras excepcionales en distintos campos, entre ellos Erich Przywara, autor relevante en el ámbito de la teología espiritual, que tuvo una influencia decisiva en el pensamiento de San Juan Pablo II; Karl Rahner, un teólogo de pensamiento renovador, también notable por su influencia en el Vaticano II; así como Gustav Gundlach, quien se haría conocido por sus textos sobre filosofía social.

No hay constancia de que el religioso gallego tuviera una amistad cercana con alguno de estos profesores y alumnos, pero se hace evidente que gozó del privilegio de completar su formación en un centro libre de cualquier tipo de provincianismo o estrechez de miras. Y más aun, hay una anécdota que, aunque no verificada «científicamente» puede dar una idea del prestigio que el estudiante llegó a alcanzar en Valkemburg, todavía después de haber concluido allí sus estudios. Así lo cuenta el Doctor en Teología

Sixto García, quien fue profesor en varios prestigiosos centros educativos norteamericanos, así como investigador y consultor del Instituto jesuita «Pedro Arrupe» en Miami, donde hizo su pase como congregante en la ACU en 1967:

> Hace ya varios años, el Dr. Antonio López[21], mi colega en el Seminario de San Vicente de Paúl (St. Vincent de Paul), donde enseñé 30 años, me confió la siguiente anécdota: sus años de estudios doctorales en la Universidad de Fordham, en New York, coincidieron con la visita de Rahner a esa ciudad. Los profesores de Fordham le pidieron a Toni que le diera un paseo a Rahner por la gran metrópolis. En el camino, Rahner le confió a Toni que, durante sus años de teología básica en Valkenburg, Holanda, oyó hablar del P. Felipe Rey de Castro, jesuita, que había cursado su teología básica en la misma institución. El Padre Rey fue luego director de la Agrupación Católica Universitaria en Cuba. Tan impresionado quedó Rahner con la fama del Padre Rey, con su espiritualidad, su inteligencia, su capacidad de discernimiento, que, según le confió a Toni, le pasó por la cabeza pedir a sus superiores ser enviado a Cuba como misionero. Queda a la imaginación de los lectores que conocen tanto la historia de la ACU como el impacto de Rahner en la Iglesia y en el desempeño teológico, el pensar qué hubiera sido de la Iglesia en Cuba —¡de la Iglesia universal!— y del futuro de la teología si su deseo inicial hubiera llegado a fruición.[22]

---

[21] Dr. Antonio López Villalba González (Toni). Miembro de la ACU. Su pase a congregante fue en New York en 1971.

[22] Ph. D. Sixto García Sánchez: «Karl Rahner y la identidad cubana. Reflexiones sobre un amor improbable». Instituto de Política Internacional UFV, Madrid. Apuntes 14, 9 de octubre de 2020. Consultado en https://ipi-ufv.com/wp-content/uploads/2020/10/Apunte-2020-14-Karl-Rahner-y-la-identidad-cubana.pdf, el 14 de septiembre de 2022, pp.1-2.

Al final del tercer curso, como era tradición, Rey de Castro recibió la ordenación sacerdotal en el Colegio, el 24 de agosto de 1923 y al día siguiente celebró su primera misa. Inmediatamente se hizo evidente entre los suyos que el Espíritu Santo había derramado con generosidad sus dones sobre el nuevo presbítero, como da fe Sor. Benita Castro en una carta que ya hemos citado antes:

> El Padre Rey por acá era estimadísimo de cuantos le conocían. Recién ordenado de sacerdote vino a España y paso unos meses en la residencia de Santiago. Dio Ejercicios a varias Comunidades de la ciudad y predicó en las principales Iglesias, y si mal no recordamos, también en la catedral; gustaba tanto su predicación que era invitado de una y otra parte. El que a la sazón era Arzobispo de Santiago de Compostela le dio muchas pruebas de estimación y también le dio facultad, por propia iniciativa, para confesar a todas las monjas de la Archidiócesis. Pero como estuvo muy poco tiempo en Galicia, de esta concesión apenas se han aprovechado más que las de este Monasterio y contadas veces.[23]

Otro testimonio referido a esos días evoca una visita suya a Brión en la que sirvió como mediador entre la iglesia local y algunos vecinos en una disputa sobre la propiedad de ciertos terrenos. Tan satisfactoria fue su conducción de la negociación para ambas partes, que se le llamó por ello «verdadero rey de la paz». Era evidente que alguien así no se limitaría a ser un predicador célebre o un confesor notable, porque era capaz de implicarse en cuestiones sociales y buscar soluciones verdaderamente cristianas para estas.

Concluidos sus estudios en Holanda, se destinó al P. Rey a la Santa Cueva de Manresa en Cataluña para pasar allí el año de la

---

[23] Carta de Sor Benita Castro al Dr. Jorge Casteleiro, p.2.

«tercera probación». Aquella institución tenía su origen en la gruta donde San Ignacio de Loyola se refugió en 1522, después de su peregrinación desde Montserrat, y donde oró y ayunó durante diez meses, en los que es tradición que redactó además sus *Ejercicios Espirituales*. En el siglo XVII se había edificado un templo como pórtico de la cueva y en 1896 se adjuntó a este una comunidad de jesuitas y una casa de espiritualidad. Pasar allí la «probación» significaba unirse espiritualmente al fundador de la Compañía y prepararse para recibir sus carismas principales.

No es difícil imaginar a Rey pasar tiempo orando en el silencio de aquel refugio y repasando las vigorosas páginas de los *Ejercicios*. No es difícil imaginarlo, en la penumbra de la tarde, ya cumplidas las obligaciones del día, de rodillas y brotando de sus labios la oración de entrega total que el Santo colocó en el epígrafe de la «Contemplación para alcanzar amor»: «Tomad, Señor, y recibid toda mi libertad, mi memoria, mi entendimiento y toda mi voluntad, todo mi haber y mi poseer; Vos me lo distes, a Vos, Señor, lo torno; todo es vuestro, disponed a toda vuestra voluntad; dadme vuestro amor y gracia, que ésta me basta».[24]

Como ciertos frutos que maduran mejor en la sombra, así el espíritu del joven acabó de formarse en aquella probación. Una demostración de ello fueron las jornadas que vinieron después de su conclusión, de vuelta en su Galicia, cuando predica los Ejercicios lleno de fervor apostólico como reflejan esta nota las «Noticias de la Provincia de León» de mayo de 1925:

> Ministerios del P. Felipe Rey [en Vigo]. Ejercicios en las Doctrinas desde el 23 al 29, en que fue la comunión general; asistieron unas 350. Ejercicios de cinco días al pueblo de Bayona, con mucho concurso y numerosas confesiones; y por último, Ejercicios en Vigo a unos 250 caballeros

---

[24] San Ignacio de Loyola: *Ejercicios espirituales*. Texto autógrafo. Biblioteca Digital Universal, Editorial del Cardo, 2003, epígrafe 234.

durante la Semana Santa; comulgaron el día del Jueves Santo.[25]

Un religioso joven con ese talante hubiera podido ser destinado a alguna de las casas de espiritualidad de la Península y hubiera cumplido con la guía de almas de manera muy prometedora. Pero el Espíritu lo destinaba, como a los apóstoles después de Pentecostés, para una misión distinta en otra parte del mundo. Y apenas unos tres meses después de haber desempeñado aquellos ministerios, tendrá que cruzar el océano y desembarcar por primera vez en La Habana.

---

[25] «Noticias de la Provincia de León» (mayo 1925). Tomado de: P. Manuel Cabada: *Sobre el P. Felipe Rey de Castro. Datos sueltos o complementarios*, 2018.

III
La promesa cumplida

Tal y como prometiera al despedirse del P. Rey en el Muelle de San Francisco, Juan Antonio Rubio Padilla, estudiante de Medicina y el primero de los que acogieron el llamado a la nueva congregación mariana y juvenil universitaria, se encargó de mantener viva la llama de aquel movimiento renovador. De hecho, procuró que se mantuviera, al menos, el compromiso del grupo de hacer los Ejercicios una vez al año.

> Durante tres años y medio que duró la ausencia del P. Rey pesó sobre mis hombros y sobre mi sueño la orden recibida en el muelle de San Francisco. El grupo se mantuvo unido. Humanos al fin, y ausente el Apóstol, muchos fallaron, pero otros de las nuevas promociones vinieron a ocupar sus puestos. Los primeros Ejercicios en su ausencia los hicimos no ya 22, como la primera vez, sino 35 y no fallamos después un sólo año.[26]

Sin embargo, las dificultades no son pocas, el propio testimoniante se refiere en las cartas que dirige al fundador por esos años a la existencia de «enemigos del acercamiento al Colegio de los elementos universitarios» en lo que evidentemente influía el estado de agitación política en la Universidad, donde un grupo de estudiantes hacía abierta oposición al gobierno, incluido el propio Rubio Padilla.

---

[26] Dr. Juan A. Rubio Padilla: «La Génesis de la ACU», p.14.

Por otra parte, tanto Juan Antonio como varios seguidores fieles de aquel primer núcleo espiritual, hicieron varias gestiones con el P. Enrique Carvajal, quien se desempeñó como Viceprovincial de los jesuitas en Cuba entre junio de 1929 y abril de 1931. En primera instancia este aseguró a los muchachos que no era posible remover al P. Felipe de su prefectura en el Colegio de Gijón y mucho menos a mitad de un curso. Pero fue tanta la insistencia de los jóvenes que cuando el P. Carvajal viajó a España en 1930 se encargó de gestionar el retorno del religioso a Cuba para ponerse de inmediato al frente de su juvenil congregación.[27]

Mas el P. Rey de Castro no era hombre de apresuramientos sino de conductas bien pensadas. Eso explica que, a pesar de su enorme alegría, no decidió tomar el primer barco que pusiera proa a la Isla, sino que hizo un recorrido que le tomó tres meses por varias ciudades europeas, entre ellas Francia y Alemania, para visitar instituciones que pudieran servir de modelo y ejemplo para perfeccionar la suya.

Como asegura Miguel Figueroa:

> Hasta el 3 de marzo de 1931 no pudo llegar a La Habana el P. Rey. Entonces ya traía en la mente la Agrupación perfectamente estudiada en sus mínimos detalles, desde el nombre que habría de llevar hasta el tipo de influjo que en el futuro deberá ejercer en nuestra sociedad. Tan completo fue el proyecto, que, en la visita de despedida quisiera antes de embarcar a su tía la Abadesa de Cuntis, le describió la futura obra con la precisión que tuviese si ya existiera.
>
> Eso explica que a poco de fundada dé la sensación de cosa madura, y que al terminar el año 1931, cuando no tenía más que 10 meses de vida, la encontremos tal cual es hoy, más pobre, más reducida, todavía sin local propio, pero ya

---

[27] Por estas razones Figueroa en su ya citada historia de la ACU lo llama «iniciador». También se le reconocía como «el agrupado número uno».

activa y completa en todos sus aspectos, y es que, como Minerva de la cabeza de Júpiter, nació la Agrupación en la mente del P. Rey adulta y cubierta de todas sus armas.[28]

Apenas desembarcó el religioso en la rada habanera quiso reunirse con el grupo de los fundadores que habían permanecido fieles. De hecho logró hacerlo al día siguiente, el 4 de marzo. Su primera sorpresa desagradable fue la ausencia de Rubio Padilla quien estaba escondido a causa de la persecución policial por ser activo opositor político desde las filas del Directorio Estudiantil Universitario. Fueron días de zozobra, hasta que las «fuerzas del orden» lograron capturarlo el día 19 y lo confinaron al Castillo del Príncipe.

Hasta aquella lúgubre fortaleza fue a visitarlo Rey de Castro para confortarlo. Tras múltiples gestiones se logró que fuera liberado el 5 de mayo siguiente y el 6 celebró su boda con Dania Padilla en la capilla del Colegio de Belén, para partir inmediatamente al exilio porque su vida peligraba en la Isla.

No fue pues difícil al sacerdote descubrir que la ciudad y el país a los que había regresado no eran justamente los mismos que dejara hacía poco más de tres años.

El presidente de la República era Gerardo Machado desde 1925. Había ganado los grados de general durante la Guerra de Independencia de 1895 y su ascenso a la primera magistratura tras una campaña en la que prometía «Agua, caminos y escuelas», resultó aclamado por buena parte del pueblo. Como los precios del azúcar resultaban inestables en el mercado internacional, la pobreza alcanzaba no solo a las clases menos favorecidas sino a los pequeños y medios propietarios y el desempleo había elevado de forma alarmante sus tasas.

Machado cumplió su lema electoral con un vasto plan de obras públicas que incluyó la construcción de la Carretera Central,

---

[28] M. Figueroa: *Historia de la Agrupación Católica Universitaria*, p.23.

diversas instituciones escolares, entre ellas los Institutos de Segunda Enseñanza en cada capital de provincia, así como acueductos, alcantarillados y una obra que resultaría emblemática, el Capitolio, majestuosa sede del Cuerpo Legislativo de la Nación. Esto permitió multiplicar las posibilidades de empleo.

El presidente, como establecía la Constitución, debía dejar el poder tras un mandato de cuatro años, pero, mal aconsejado por sus seguidores, decidió instrumentar una «prórroga de poderes» a partir de una reforma de la Carta Magna.

Aunque apoyado en su empeño por numerosos políticos, hacendados e inversionistas de Estados Unidos, esto desató la oposición de muchos sectores en la sociedad: veteranos, estudiantes, intelectuales, sindicalistas obreros de diferente orientación ideológica y ciudadanos de todas clases.

Comenzaron las huelgas, la propaganda clandestina, la agitación y hasta las acciones terroristas. El gobierno respondió con la censura y la represión violenta. Las cárceles se llenaron de opositores. La Gran Depresión norteamericana de 1929 repercutió en Cuba, que era su socio comercial privilegiado y generó una miseria extrema que sirvió de acelerante a la situación.

Rubio Padilla había sido uno de los fundadores del Directorio Estudiantil Universitario en 1930 y su labor como opositor era conocida, de modo que nada pudo impedir que fuera perseguido como otros muchos.

Ese era un dolor que Rey tendría que soportar, agudizado al comprobar que la cuestión política permeaba también a la Iglesia cubana, desde su cúpula, pues Monseñor Ruiz, arzobispo de La Habana, era un admirador incondicional de Machado mientras que otra parte del clero era francamente opositora.

En la propia residencia a donde lo destinaron, junto al templo del Sagrado Corazón en la calle Reina, las opiniones políticas estaban divididas, pero lo más sensible era que, a partir de abril de 1931, el nuevo Viceprovincial sería el P. Camilo García, quien se alineaba con el «partido del orden» y veía en Rubio y otros estudiantes un peligro para la Compañía.

Como al parecer era cercano al círculo presidencial, se hacía eco de los disgustos «en Palacio» causados por ciertos jóvenes y exigía que se expulsara a los «revoltosos» de la Congregación o de lo contrario, que esta se disolviera.

De hecho, el antiguo maestro de novicios de Rey rechazaba hasta el nombre de «Agrupación Católica Universitaria», porque para las autoridades la propia mención del alto centro docente era una alusión a un baluarte opositor.

Nada de esto impidió que el 4 de marzo cuando se reunió con algunos de los jóvenes que habían permanecido fieles a su iniciativa se declarara oficialmente constituida aquella congregación mariana universitaria que ni siquiera tenía un nombre definitivo.

Según el P. José Luis Sáez todavía un año después algunos la llamaban «Asociación de Jóvenes Católicos del P. Rey de Castro» y el propio fundador por un tiempo utilizó el apelativo de «Congregación de Jóvenes de la Anunciata»[29], en tanto empleaban como sede temporal el nuevo edificio de esa congregación, anexo a la comunidad de Reina, aunque acabaría por imponerse el nombre que definía mejor su identidad: «Agrupación Católica Universitaria».

Se trataba de un empeño quijotesco, porque como asegura Figueroa:

> Desde un punto de vista meramente humano, no se pudo escoger en toda nuestra historia momento peor para iniciar aquella obra. Año de pasiones exacerbadas, de dura lucha, la situación política y económica como no las había conocido antes Cuba, la Universidad cerrada, las autoridades recelosas de cualquier actividad estudiantil, la atención de todos polarizada hacia una solución violenta: no parecía

---

[29] Sáez: *Presencia de los jesuitas...* p.116.

que fuese posible encontrar a nadie capaz de interesarse en renacimientos espirituales, ni con calma suficiente para pensar en una lenta formación con efectos a largo plazo, ni que hubiera posibilidad de captación de nuevos candidatos, ni campos donde ejercer apostolados de ninguna clase.[30]

Hemos comentado ya los recelos que la denominación «universitaria» había despertado en el P. Camilo García y otros de los jesuitas, en tanto para ellos, como para el gobierno, la alta casa de estudios era un sitio peligroso, llena de conspiradores y gente violenta.

La circunstancia de que el más visible de sus miembros, Rubio Padilla, estuviera perseguido por los cuerpos represivos reforzaba esa idea y la insistencia del fundador por destacar el compromiso de los agrupados con los espacios públicos y de no quedarse en una simple organización piadosa no tranquilizaba a los escépticos.

Si además se sabe que la policía desconfiaba de cualquier tipo de reunión, se explica que varios de los residentes en la comunidad de Reina no vieran con buenos ojos aquella idea y que pareciera imposible reunir a aquellos jóvenes, aunque fuera para unos Ejercicios Espirituales, sin levantar serias prevenciones.

Mas el vigor del P. Felipe no le permitía detenerse ante esos obstáculos y, de hecho, la primera tanda de Ejercicios comenzó el 29 de marzo y pronto fueron anunciadas las siguientes para el 2 de abril, 9 de octubre y 4 de diciembre. El sacerdote gallego estaba convencido de que para Dios no hay nada imposible.

---

[30] M. Figueroa: *Historia de la Agrupación*... p.24.

IV
La formación de los selectos

No pocas personas —incluidos laicos muy comprometidos— mal interpretaron desde el principio la decisión del P. Rey de buscar a los miembros de su Agrupación entre los jóvenes bien formados desde el punto de vista cultural y religioso en un colegio tan selecto como Belén —lo que ampliaría después a otros de nivel semejante— sobre todo porque se trataba, en la mayoría de los casos, de hijos de familias con desahogo económico. A primera vista parecía que buscaba construir una especie de club religioso exclusivo y que apartaba de sí la labor evangelizadora en una sociedad en la que los pobres eran mayoría.

La historia de la ACU ha demostrado que nunca estuvo lejos de las necesidades de los menos favorecidos, entre los que ejerció su apostolado a través de la asistencia a enfermos y desvalidos, la educación de los marginados y hasta la sanación espiritual de los presos. Pero el objetivo del fundador no era animar una asociación benéfica más, ni un instituto dedicado a la catequesis, sino, de acuerdo con los carismas de la Compañía de Jesús, formar a un grupo selecto de jóvenes lo suficientemente preparados en materia cultural y con solidez espiritual, para que influyera de manera decisiva en la sociedad. Era una milicia cristiana en un país donde la política, la prensa, los espectáculos y hasta los hogares parecían descristianizarse bajo la mirada complacida de gobiernos laicistas.

Este tipo de iniciativas no era nuevo en la Compañía. Tenía como antecedente más visible la labor del P. Ángel Ayala y Alarcó SJ (Ciudad Real, 1867 – Madrid, 1960), quien, mientras trabajaba con la Congregación Mariana de los Luises de Madrid, tuvo la iniciativa de crear en 1909 la Asociación Católica de Propagandistas. Esta se proponía en primer término fortalecer y sostener una prensa católica poderosa e influyente en España y además crear una Asociación Católica de jóvenes universitarios, una gran organización obrera de idéntica orientación y que de estas labores brotaran carismáticos líderes políticos. Se trataba de un auténtico apostolado social que desmintiera la afirmación popular que «los Luises de Madrid sean unos chicos devotos, divertidos e inútiles».[31]

P. Felipe Rey de Castro, SJ, con doce apóstoles seleccionados. Entre ellos, a su derecha, el futuro Auxiliar Obispo de La Habana, P. Fernando Azcárate Freyre de Andrade; a su izquierda, el futuro médico e intelectual José Ignacio Lasaga Travieso.

---

[31] Ayala: *Antología de formación de selectos*, p.33.

Si desde sus inicios los propagandistas tuvieron que dar grandes batallas en los espacios públicos, fue durante la Segunda República, en medio de la persecución contra los religiosos cuando tuvo que aquilatar su valor. Precisamente por esos años Ayala escribe y da a conocer su *Formación de selectos,* donde define sus objetivos y metas, aunque las circunstancias de la Guerra Civil solo le permitieron publicarla por primera vez en 1941. Allí da a conocer lo que considera como un «selecto»: «Un selecto, director social, ha de ser hombre de juicio, emprendedor, enérgico, sufrido, enamorado del ideal de la Iglesia, luchador, de miras elevadas, desinteresado, modesto, consciente de su necesidad de aconsejarse».[32] Según él, la formación de estos requería de sacrificio, penitencia, castidad, docilidad y humanidad, así como una educación espiritual basada en Ejercicios, retiros, meditación y comunión diaria.

Los frutos de la Asociación fueron múltiples: el diario católico *El Debate,* la Federación de Estudiantes Católicos, el Instituto Social Obrero y la Biblioteca de Autores de Autores Cristianos (BAC), fundada en 1943 por su colaborador Ángel Herrera Oria —luego creado cardenal de la Iglesia en 1965— y que se ha convertido en una de las principales editoriales de autores clásicos del cristianismo en el mundo.

Mirado así, pareciera que Rey de Castro sencillamente calcó la experiencia de Ayala, pero es preciso analizar que, si bien cuando puso la primera piedra de su fundación en 1925 muy probablemente tenía conocimiento de la labor de los Propagandistas, cuando vio la luz la *Formación de selectos* hacía ya una década que se aplicaban en la ACU métodos semejantes a los de ese libro. Más que pensar en una imitación o influencia directa, habría que entender que ambos derivaban del carisma y de la tradición educativa ignaciana y que, ante circunstancias semejantes buscaron soluciones similares.

---

[32] Ibid, p.39.

De hecho, el padre Felipe aprovecha la experiencia de las congregaciones marianas a las que ha pertenecido desde su juventud. No las calca exactamente, sino que su mente privilegiada y su capacidad de discernimiento le hacen saltar por encima de las rutinas, las devociones separadas de la acción apostólica y aplica una regla que tiene siglos de probada dentro de la Compañía para los requerimientos específicos del país donde trabaja. Es asombroso que cuando, más de tres lustros después, Su Santidad el papa Pío XII promulgue la Constitución Apostólica *Bis saeculari die* [En el auspicioso bicentenario del día...], sobre las congregaciones marianas, nos parezca descubrir en sus páginas un retrato de la imagen y el quehacer apostólico de la ACU:

> Entre los fines primordiales de las congregaciones, debe contarse el apostolado de toda especie, especialmente el social, apostolado que, para propagar el reino de Cristo y defender los derechos de la Iglesia, es encomendado por mandato por la misma jerarquía eclesiástica: «Para prestar esta verdadera y completa cooperación con el apostolado jerárquico, no es necesario en modo alguno variar o innovar las normas propias a las congregaciones sobre los métodos de esta cooperación».[33]

Cuando se redacta ese documento pontificio, hace tiempo que la congregación mariana de Cuba merece ser considerada entre las que, de forma ejemplar, tienen la ejecutoria brillantemente descrita por el Papa:

> Y en el tiempo presente, sacudido por tantas calamidades, es para nosotros un dulcísimo consuelo contemplar en el espíritu cómo las congregaciones de María, en todas partes del mundo, ejercen su fuerza con valentía y eficacia, en toda clase de apostolado, ya sea para conducir a la virtud e incitar al deseo de una vida cristiana más vibrante,

---

[33] Pío XII: *Bis saeculari die*, (27.XI)

> mediante ejercicios espirituales, a hombres de todas las clases, especialmente a los jóvenes y trabajadores, ya sea para aliviar las miserias espirituales y materiales de los pobres. Y esto lo hacen no sólo por iniciativa privada y movidos por sentimientos de bondad innatos, sino también promoviendo leyes conforme a los principios del evangelio y de la justicia social, en las asambleas públicas de los Estados y aun desde los más altos cargos del Estado.[34]

En un documento anterior, el discurso del Santo Padre a las Congregaciones Marianas el 21 de enero de 1945, hay unas palabras de reconocimiento para la heroica labor de estas en el mundo, ellas traducen la experiencia del Primado en esos años complejos en el panorama político europeo, pero respecto a la ACU tenían un sabor profético:

> En todas las luchas contra el contagio y la tiranía de los errores y para la defensa de la Europa cristiana, las Congregaciones Marianas han combatido en primera línea con la palabra, con la pluma y con la prensa; en la controversia, en la polémica y en la apología; con la acción, sosteniendo el valor de los fieles, socorriendo a los confesores de la fe, colaborando con su asistencia y ayuda en el arduo y combatido ministerio de los sacerdotes católicos, persiguiendo la inmoralidad pública con métodos algunas veces singulares, pero siempre enérgicos y eficaces. En alguna ocasión, hasta con la espada en las fronteras de la cristiandad para la defensa de la civilización, con Sobieski, Carlos de Lorena, Eugenio de Saboya y tantos otros caudillos, todos congregantes, como mil y mil de sus soldados. Pero, ¿para qué ir a buscar ejemplos en el pasado, cuando en nuestros tiempos, y no en una sola nación,

---

[34] Ibid (7)

millares y millares de heroicos congregantes han combatido y han caído aclamando e invocando a Cristo Rey?[35]

Aunque entre algunos miembros de la Compañía en Cuba la fundación de la ACU era una idea atrevida y condenada al fracaso, mientras que los enemigos del cristianismo veían en la labor de Rey de Castro un inútil esfuerzo por contrarrestar muchos de los males endémicos en la Isla, desde la laxitud moral del pueblo hasta las lacras de la corrupción en la mayoría de las esferas de la sociedad, incluidas las del gobierno, aquel sacerdote, guiado por la sana doctrina eclesial, su fuerte confianza en Dios y arraigada devoción a María, se encargaba de convocar y agrupar a aquella élite, seguro de que su preparación y envío al mundo traería innúmeros bienes a aquella patria que ya él había adoptado como suya.

---

[35] Pío XII: *Discurso a las Congregaciones Marianas*, 21 de enero de 1945, p.2.

V
Los primeros pasos

En su libro *Agrupación Católica Universitaria. Los primeros cincuenta años,* José Manuel Hernández asegura que al finalizar 1931, tras las tandas de Ejercicios convocadas para los agrupados «como el concreto espiritual fraguó tan espléndidamente, nos la encontramos al terminar 1931 esencialmente tal cual es hoy, cincuenta años después».[36]

Quizá la afirmación parezca exagerada, pero el escritor se refiere, sobre todo, al clima espiritual, al entusiasmo del pequeño puñado de seguidores de Rey. Él mismo, unas líneas después indica que «todos los agrupados apenas bastan para llenar un banco de la Iglesia de Reina los domingos por la mañana. Pero ni la clásica mesa de ping-pong falta en el local social, que es, por supuesto, prestado».[37]

Tras la fundación definitiva de la congregación universitaria, el padre Felipe —que sabía de la urgencia de un local propio para ella, pero carecía de recursos por el momento para alquilarlo— la había trasplantado del Colegio de Belén a la nueva sede de la Anunciata, que era parte del conjunto arquitectónico formado por el templo consagrado al Sagrado Corazón y la casa de la comunidad en la céntrica Calzada de Reina.

El director de aquella centenaria congregación, el padre Esteban Rivas, le prestó unos locales, a pesar de la reticencia de algunos de los jesuitas residentes en la comunidad de Reina para quienes

---

[36] José M. Hernández: Agrupación Católica Universitaria. Los primeros cincuenta años, pp.12-13.

[37] Ibid, p.13.

el término universitario era indicativo de desorden y conflicto político.

De ese modo, las misas dominicales y los desayunos que compartían los escasos miembros pasaron del colegio de Marianao a esta nueva institución sede, donde podían emplear también la capilla y hasta disponer de un salón para reuniones y recreación. De hecho, se les comienza a llamar «la congregación de jóvenes de la Anunciata». Pero el fundador, aunque aquilata el valor de aquella centenaria agrupación, no quiere sacrificar el nombre con que al fin ha decidido bautizarla: «Agrupación Católica Universitaria».

Refiere Figueroa que el primer anuncio que el sacerdote colocó en la tablilla en 1931 rezaba: «La A.C.U. es una institución de catolicismo práctico y apostólico fundada para la más completa formación moral e intelectual de sus miembros»[38]. Idea que va a completar en ese mismo año, en otro escrito suyo: «Su objeto es agrupar estudiantes católicos de Cuba para su más completa formación religiosa y social, y para la propaganda católica».[39]

A diferencia de otras organizaciones nuevas, que buscan a toda costa aumentar el número de afiliados en corto tiempo, aquel iluminado sacerdote la concibió como una élite, un grupo de selectos, educados y comprometidos con un apostolado social. En ese sentido seguía al pie de la letra la parábola de Jesús: «El Reino de los Cielos es semejante a la levadura que tomó una mujer y la metió en tres medidas de harina, hasta que fermentó todo.»[40] Los miembros de la ACU eran aquella pizca de levadura, capaz de hacer crecer a una masa que tenía mucho más volumen que ellos. Su labor era el fermento espiritual. Por eso nunca le interesaron la «masividad» ni el éxito de las estadísticas.

---

[38] Figueroa: *Historia de la Agrupación*...p.30.
[39] Ibidem.
[40] Mt 13, 33.

Felipe Rey de Castro y la Agrupación Católica Universitaria

Fundadores de la Agrupación Católica Universitaria –no todos representados en esta lámina

Juan Antonio Rubio Padilla
P. Ricardo Chisholm Fernández, Sj
Ataulfo Fernández Llano
Angelberto Coro Del Pozo
César Incera Soriano
Roberto Incera Soriano
César Rey Rodríguez
Julio Andino Pella
Eduardo Chisholm Fernández
Rafael Díaz Masvidal
Cecilio González Vallejo
Alfonso Gutiérrez de la Cantera
Ernesto Gutiérrez Sanabria
Ovidio de Laosa Capote
José Ignacio Lasaga Travieso
P. René León Lemus
Oscar Lombardo Valladares
Alberto Petit Hernández
José Mario Mariña Esquirol
Carlos Martínez Arango
Ismael Orta Lemus
Enrique Oslé Tur, Sj
Hno. Miguel Pichardo Peñalver
Juan Simón Gutierrez
P. Juan Suárez Pérez

Armando Trelles Reyes
Pedro H. Cruz Nogués
Mario Alcoz Gómez
Enrique Amorín de Armas
Luis Delgado Gardel
Mons. Calixto García Rayneri
Alfonso Ledo Rodríquez
Aurelio Montes Medina
Luis Morse Delgado
Manuel Otero Ruisánchez
Antonio Solllinde Gómez
P. Juan Suárez Pino
Pompirio De La Vega Gandón
Alfredo Vidal Pérez
Julio Alfara Cárdenas
José Álvarez Díaz
Sergio Álvarez Mena
P. Alberto De Castro Rojas
Francisco Cuadra Aguirre
René Font Canto
Francisco Gómez Hernández
Juan José Gómez Hernández
Eugenio Jiménez Fumagalli
José M. Lázaro García
Manuel Mesa Santo Domingo

Francisco Pérez Vich
Andrés Del Pino Santua
Anibal De Los Reyes Noreña
Osvaldo Rodríguez Rodrígues
José María Rouco Aja
Luis Felipe Salazar
Manuel Suárez Carreño
Andrés Triny Rodés
Juan José Varela Álvarez
Luis De Velasco Castellanos
Ramón Barcia Conejo
Emilio Fernández García
Antonio De Goicoechea Cosculluela
Manuel Maza Páez
José Ramón Miquel Franca
Marino Pérez Duran
Aureliano Rodríguez Hernández
Rafael Talavera Gastón
Alfredo Alexander Riva
P. Fernando Azcárate Freyre de Andrade
Enrique de Cárdenas Aguilera
Felix Chediak Ahuayda
Santiago Choca Garganta
Armando Ruiz Leiro
Héctor Trelles Reyes

Su obra se cimentó sobre la cuidadosa selección de los candidatos, la intensa labor formativa en lo espiritual y lo intelectual, el seguimiento personalizado de sus trayectorias, hasta que estuvieran listos para ser enviados al mundo.

Con mucho acierto elegía para su obra estudiantes universitarios, porque consideraba que era la etapa en que los jóvenes resultaban moldeables y acababan de formar su personalidad, pues los adultos ya profesionales, embargados por otros intereses y obligaciones, difícilmente se adaptaban a los deberes de la Agrupación.

En el Libro de la Congregación el fundador quiso distinguir de manera especial a aquellos primeros agrupados, los que entraron en ella en los primeros siete «pases» entre 1931 y 1934. En primer término llamó «Promoción de la Anunciata» a la congregada en la primera reunión el 4 de marzo de 1931: el primero era Juan Antonio Rubio —aunque no pudiese asistir como ya hemos explicado—, Ricardo Chisholm Fernández, Ataulfo Fernández Llano, Engelberto Coro del Pozo, César Incera Soriano, Roberto Incera Soriano y César Rey Rodríguez.

En su *Historia de la Agrupación Católica Universitaria*, Figueroa aclara que la razón de reunirlos en torno a esta fecha es esencialmente simbólica:

> Pero esta «Promoción de la Anunciata» es convencional, y fue creada por el P. Rey años después, cuando inscribió los nombres de todos los consagrados en el Libro de la Agrupación. Los que formaron el núcleo primitivo no fueron siete, sino seis, y no se reunieron todos el día 4, sino fueron agregándose en el transcurso del mes de marzo. De ellos, Chisholm no pertenecía a la Anunciata, pero estando en el extranjero cuando el P. Rey inscribió su nombre, no pudo disuadirlo de hacerlo. El de Luis Blanco no parece entre ellos aunque es del grupo de los primeros, pero la omisión es muy explicable, ya que fue agrupado apenas un mes, pues murió el 5 de abril de

1931. En cambio, en justo reconocimiento de la labor desarrollada en su ausencia, agregó el nombre de Rubio, a pesar de no haber estado éste en la primera reunión ni participado de las actividades sucesivas, poniéndolo a la cabeza de la lista, donde figura con todo derecho el primer grupo. También colocó en la famosa «Promoción» a Ataulfo Fernández Llano, uno de sus más valiosos auxiliares en los primeros años de la Agrupación, quien si es verdad que cooperó con ella desde el primer día, era en esa época Presidente de los Jóvenes Universitarios de la Anunciata, no pasó a la nueva institución hasta un tiempo después.[41]

La primera consagración formal de agrupados tuvo lugar el 3 de enero de 1932 en la Iglesia del Sagrado Corazón (Reina), en ella entraron 19 congregantes, que se agregaban al núcleo inicial. Algunos harían historia en la Agrupación como José Ignacio Lasaga Travieso, Enrique Oslé Tur y Juan Suárez Pérez.

La segunda ocurrió el 4 de septiembre siguiente y aportó 13 miembros más. La tercera, el 6 de mayo de 1933, otorgó el pase a 21; 8 aportó la del 3 de junio de 1934 y 7 la del 8 de diciembre del mismo año, fiesta de María Inmaculada —fecha que se adoptaría como habitual a partir de entonces— en ella se consagraron congregantes que resultarían destacadísimos como Fernando Azcárate Freyre de Andrade y Armando Ruiz Leiro. Hasta allí llegó la lista de los que el padre Rey consideraba fundadores.

En esta última ceremonia se leyó el decreto del General de la Compañía, fechado el 19 de julio anterior en el que la Agrupación quedaba separada de la Anunciata y erigida como Congregación Universitaria de la Inmaculada y San Pedro Canisio, agregada a la Prima Primaria de Roma.

---

[41] Figueroa: *Historia*...p.24.

En la solicitud remitida desde La Habana se había propuesto como copatrono, junto a la Inmaculada, a San Ignacio de Loyola, pero la decisión del General de los jesuitas muy probablemente se basaba en la reiteración de ese nombre en numerosas congregaciones del orbe, por lo que se dispuso sustituirlo por uno de sus primeros seguidores, el holandés San Pedro Canisio (1521-1597), un teólogo eminente, autor de un *Catecismo* empleado durante varios siglos y considerado como el principal apóstol del catolicismo en Alemania durante los días de la Reforma luterana y proclamado en mayo de 1925 Doctor de la Iglesia por Pío XI. Seguramente se tuvo en cuenta también la gran devoción mariana de éste, su preocupación por educar a la juventud y por considerársele uno de los padres de la prensa católica.

Por parte del P. Rey y sus discípulos este cambio de atribución fue acogido con aparente beneplácito. Sin embargo en el folleto *¿Qué es la ACU?* redactado por el Dr. José I. Lasaga y publicado por el Buró de Información y Propaganda en los años 50, después del deceso del fundador se afirma textualmente: «La A.C.U. tiene como patronos a la Sma. Virgen bajo la advocación de la Inmaculada y a S. Ignacio de Loyola».[42] ¿Sería que el copatronazgo de Loyola se impuso por costumbre en la memoria colectiva o ya en esas fechas se había logrado de la Compañía una autorización para volver a la fórmula original? Hasta la fecha no hemos encontrado un documento confirmatorio.

Para comprender bien el alcance de aquel decreto es preciso explicar que el P. Jean Leunis, jesuita belga, fundó en Roma, en 1563, la Congregación Mariana del Colegio Romano, con la divisa *Ad Jesum per Mariam* (A Jesús por María). Esta fue reconocida por el papa Gregorio XIII —gran benefactor del Colegio y de la Compañía de Jesús en general— a través de la bula *Omnipotentis Dei,* promulgada el 5 de diciembre de 1584. En 1587 su sucesor, Sixto V, a través de la bula *Superna Dispositione* reconoció

---

[42] Dr. José I. Lasaga: *¿Qué es la ACU?*, p. 5.

al Superior de la Compañía el derecho de agregar otras congregaciones a la primera (*Prima Primaria*) para gozar de sus privilegios e indulgencias, *tamquam membra* [como miembros de ella].

Otras semejantes comenzaron a surgir, primero en el resto de Europa —París (1567), Douai, Bélgica (1573)— luego en América —Lima (1571), México (1574)— después en Asia y Oceanía. Como asumían las normas y espíritu de la primera, aunque cada una tuviera particularidades según las circunstancias y cultura de cada país y diócesis, comienzan a «agregarse», es decir, a unirse espiritualmente con la del Colegio Romano, designada honoríficamente como Prima Primaria.

En 1748, Benedicto XIV, a través de la bula *Praeclaris Romanorum*, procuró acrecentar el vigor de la vida de las congregaciones, las que hasta ese momento habían mantenido vivas las prácticas de piedad mariana pero habían perdido su fervor para el apostolado social. Cuando la Compañía de Jesús es suprimida en 1773 ellas mantuvieron encendido el carisma ignaciano a través de su labor en las catequesis, la prensa católica y la asistencia a los necesitados.

En el siglo XX, Pío XII actualizó su labor con la ya citada bula *Bis Saeculari Die* (1948), lo que favoreció la creación de la Federación Mundial de Congregaciones Marianas en 1953.

La estructura de la ACU seguía el molde habitual de otras congregaciones marianas. Pero fue tomando forma gradualmente, desde 1931. Inicialmente su Consejo Directivo tenía un Secretario General, un Tesorero, un Prefecto de cultos, un Jefe de visitas a hospitales y un Delegado al salón de juegos.

A fines de noviembre se acuerda la necesidad de elegir un Presidente y Vicepresidente, propuestos por el Consejo y aprobados por el fundador, aunque los agrupados podrían proponer otros candidatos al Consejo. Los directivos eran seleccionados para el período de un curso. En la primera ocasión Ricardo Chisholm Fernández fue el Presidente y Rafael Buigas Sanz, Vice.

La estructura quedó de este modo:

> En la fecha señalada, después de escuchar la lectura hecha por el P. Rey, de los deberes propios de los consejeros, se consagró a los nuevos directivos ante la imagen de la Inmaculada Concepción. Fueron estos además de Chisholm y Buigas; Secretario General, Juan Suárez; tesorero, Julio Andino; jefe de Catecismos, Enrique Oslé; de cultos, Angelberto Coro; de escuelas obreras, José M. Mariñas; de *Esto Vir,* José Ignacio Lasaga; de fiestas, Enrique Rodríguez; y de hospitales, Esteban Beltrán Cuesta.[43]

La autoridad superior encarnaba en la figura del Padre Director y este era asesorado por el Consejo Directivo, donde los cargos fundamentales eran: Presidente, Vice, Secretario y Tesorero. En la medida en que la Agrupación creció, esta estructura debió complejizarse y se incluyeron en el Consejo los presidentes de los grupos por especialidades: Ingeniería, Medicina, Letras, así como se fueron incorporando asistentes para garantizar el funcionamiento de ciertas labores más generales: Apostolado, Cultos, Cultura, Relaciones Exteriores.

Años después cuando algunos congregantes fueron graduándose de la Universidad y comenzando su vida profesional, fue necesario separar dos secciones claramente diferenciadas: la Sección Profesional, que dependía del Consejo Directivo y subordinada a este la Junta Directiva de Estudiantes, encargada de la Sección Estudiantil. Esta Junta tenía su Presidente de Estudiantes, quien formaba parte del Consejo Directivo y además: Secretario, Tesorero, Instructor de Aspirantes, Prefecto de cultos y apostolado, presidentes por las especialidades de Ciencias, Medicina y Letras. Cuando dispusieron de sede estable fue importante incluir al Presidente de la residencia estudiantil y al Delegado de la Biblioteca, a lo que se agregaba un Consejero.

---

[43] Figueroa: *Historia de la ACU*...p.100.

Tal estructura tenía la apariencia de algo complejo, pero en realidad debía entenderse como la prolongación de los brazos del Padre Director. El Consejo Directivo lo asesoraba en la toma de decisiones y se hacía responsable de las actividades de la Sección Profesional y a la vez supervisaba y ayudaba a resolver las cuestiones de la Junta Directiva de Estudiantes.

El Padre Rey no era una persona dada a las excesivas formalidades burocráticas, pero apreciaba mucho el papel del Consejo Directivo para asesorarse en asuntos tan importantes como las inversiones materiales que debían realizarse para el trabajo de la congregación, así como para planificar tareas de carácter educativo o apostólico.

En muchas ocasiones escuchó los criterios de sus miembros sobre cuestiones económicas o políticas y los aceptó en tanto los consideraba auténticos especialistas y no impuso su autoridad de manera arbitraria.

En lo que sí se reservaba el fundador su decisión última era sobre las cuestiones espirituales. Si su experiencia le demostraba que algún agrupado por cuestiones morales o disciplinarias no estaba a la altura de la congregación, no dudaba en expulsarlo de sus filas y jamás le preocupó la cuestión numérica. Prefería pocos, verticales y bien formados, que una muchedumbre relajada y nada auténtica.

Aunque en su nacimiento la ACU había comenzado en el Colegio de Belén con estudiantes de Bachillerato, la decisión tomada al instituirse fue recibir a los aspirantes cuando comenzaban su vida universitaria, para que marcharan juntas la formación profesional y la espiritual. Los que ingresaban como postulantes debían estar recomendados por al menos un agrupado y durante un mínimo de cinco semanas se les impartía la instrucción básica, a la vez que se procuraba buscar referencias sobre su conducta en la Iglesia y en el mundo.

Los considerados dignos pasaban a aspirantes, estos debían recibir una formación especial que los nutriera de los ideales de la

Agrupación por, al menos, nueve meses, aproximadamente la extensión de un curso escolar y si se juzgaba que eran aptos podían hacer el pase a congregantes.

Se convirtió en tradición que el «pase» se produjera durante la vigilia a la fiesta de María Inmaculada, esta, en sucesivos años fue perfeccionándose, comenzaba con una plática, le sucedía a esta una hora santa con exposición del Santísimo y por fin una misa solemne, en el transcurso de la cual los aspirantes recibía la medalla de congregantes y hacían su acto de consagración, mientras que los ya antiguos en sus filas renovaban su consagración.

Libro de congregantes

A partir de 1950 el padre Rey decidió tomar una medida más estricta. Los «Congregantes nuevos» debían pasar un período de dos años en el llamado «Círculo junior» y solo al final, previa aprobación del Consejo Directivo, eran anotados en el Libro de la Congregación. En la Carta Circular en que determinaba esto, el Director agregaba esta reflexión:

> En la A.C.U. tal vez como en ninguna otra sociedad, no sólo se prueba al individuo, dándole tiempo abundante para que piense y se dé cuenta de lo que hace y promete; sino que al aspirante se le insiste constantemente en que cada paso que da, es libre; pero que, si da el definitivo, ese es para toda la vida, empeñando en él su «palabra de hombre»; y pertenece a cada cual después medir y apreciar lo que su palabra vale y significa.[44]

La piedra angular de la formación espiritual era la misa dominical, celebrada al principio por el fundador, quien, a partir de 1934, comenzó a alternar con otros sacerdotes, pero siempre se reservaba el tiempo para una sustanciosa homilía.

Es interesante señalar que el P. Rey reclamaba una «misa dialogada», es decir, que los fieles debían seguir la liturgia por un misal y responder cuando correspondía al celebrante. Para ello de-

---

[44] Figueroa: *Historia de la ACU*…p.37.

bían valerse de uno de los misales para laicos, impresos a dos columnas, con los textos de los oficios en latín y castellano. El más conocido de ellos en Cuba era el *Misal cotidiano de los fieles* preparado por el monje de Montserrat P. Alfonso María Gubianas, que tuvo numerosas ediciones.

En aquella época solo personas muy instruidas en materia de religión y devotas los empleaban, pues algunos de los fieles si acaso utilizaban un «libro de misa» que era un devocionario con oraciones en castellano para leer en silencio durante la celebración o sencillamente permanecían en silencio durante una ceremonia incomprensible para ellos. Esta presencia activa de los agrupados, que se complementaría pronto con cursos dedicados a explicar la Liturgia, eran un anticipo de las reformas que vendrían con el Concilio Vaticano II, lo que no ha sido suficientemente reconocido al fundador.

A esto se unía la práctica anual de los Ejercicios, que Rey llamara «fuente principal de nuestro bienestar espiritual».[45] En los primeros años se diferenciaban aquellos establecidos para quienes los hacían por primera vez, de los que eran practicados por los agrupados más avanzados, luego llegaron a especializarse por profesiones: médicos, abogados, profesores.

Precisamente, a través de la ACU, Rey de Castro desarrolló un carisma que ya había iniciado en España, el ofrecer tandas de Ejercicios. Como no poseían una sede propia para ellos, se empleaba el Colegio de Belén.

Era un apostolado que iba más allá de la Agrupación y que comenzó a arraigar entre los hombres católicos de Cuba. Solo en dos años, entre mayo de 1931 y 1933, se ofrecieron en aquella institución 16 tandas, lo que no incluía los que más de una vez fue el sacerdote a impartir en la ciudad de Camagüey donde la comunidad de allí poseía una antigua casa, en la calle Martí, cerca del obispado, dedicada por años a ese fin.

---

[45] Figueroa: *Historia de la Agrupación*...p.49.

En la sesión del Consejo de la ACU del 28 de enero de 1932 se acordó: «Fundar una Guardia de Honor Sabatina en honra a la Madre de Dios, para implorar por su intercesión, gracias especiales en las necesidades morales y materiales de los agrupados».[46]

Esta práctica de devoción mariana se inició con apenas ocho agrupados, que se turnaban en las tardes del sábado, en tandas de cuatro, durante media hora, en oración silenciosa, ante el Santísimo expuesto.

A inicios de 1933 fue preciso, dado el número de asistentes, se cambió el turno de oración mental por el rezo del Santo Rosario seguido de quince minutos de plática espiritual ofrecida por el Director, modo en que se mantuvo por muchos años. En 1936, a solicitud de algunos agrupados, se establecieron unas guardias alternativas a las siete de la mañana para aquellos que por razones de trabajo no podían asistir a las vespertinas. Aunque determinadas circunstancias históricas del país hicieron fluctuar el número de asistentes o los horarios de las guardias, esta práctica ha sido, desde entonces, una de las columnas sostenedoras de la Agrupación hasta hoy.

Completaban la formación espiritual otras prácticas arraigadas en la tradición ignaciana: la meditación personal y el examen de conciencia como preparación para recibir con frecuencia el sacramento de la penitencia y el rezo cotidiano del Rosario.

Es preciso aquilatar en todo su valor este camino de educación religiosa porque no era habitual entonces ni en Cuba ni en otros países. Estas reglas tan estrictas eran y son asociadas con la vida de los religiosos o con el régimen de algunos seminarios muy estrictos en la formación del clero y en la isla del Caribe resultaba casi escandaloso en tanto era poco frecuente que hubiera hombres verdaderamente devotos y muchos menos de manera pública y visible, sin inhibiciones.

---

[46] Ibid, p.48.

A esto se unía la formación intelectual. Desde el mismo año de la fundación comienza el P. Felipe a impartir clases a sus agrupados, primero es un ciclo sobre socialismo y comunismo, tema oportuno, pues tanto en la agitada España de la Segunda República que ha dejado atrás, como entre algunos de los que conforman la oposición a Machado en Cuba, estas ideologías han ganado en fuerza y prestigio, de manera que, apoyado en el magisterio eclesial, especialmente en las enseñanzas recientes de los pontífices Pío XI y Pío XII, muestra sus peligros para la sociedad y particularmente para la Iglesia.

A fines del mismo año les enseña Apologética, pues sus muchachos tendrán que aprender a defender su fe en los espacios sociales y deben tener a mano argumentos sólidos. Al año siguiente su materia será la Psicología Racional.

En la medida en que el tiempo transcurre y la agrupación crece, se mantienen algunos de estos cursos básicos para los que ingresan, pero se agrega a otros profesores para explicar nuevas disciplinas: el padre Román Galán SJ explica Liturgia mientras que el P. Francisco Javier Asensio SJ se ocupa de la Ética.

Pocos años después las materias se han multiplicado: Metafísica, Historia de la Iglesia, Sagrada Escritura. Son particularmente importantes las clases del jesuita cubano Manuel Foyaca de la Concha sobre Doctrina Social de la Iglesia —materia en la que este religioso llega a convertirse pocos años después en una autoridad a nivel internacional— y las conferencias de uno de los agrupados más destacados en el plano intelectual el Dr. José Ignacio Lasaga sobre temas relacionados con la Psicología.

Esta formación intelectual va sistematizándose e integrándose en estructuras que hoy llamaríamos de «educación continua». En 1932 se funda el Círculo de Estudios, donde se expone un tema y este es debatido por sus miembros. En sus primeros años fue conducido por dos agrupados de intelecto relevante: Ataulfo Fernández Llano y José M. Lázaro. Allí se trataron cuestiones relacionadas con la Psicología, la Política, la Doctrina Social y hasta se reflexionó sobre la historia del pensamiento en Cuba y sus figuras relevantes: Félix Varela, José Antonio Saco, Gaspar Betancourt Cisneros.

Más, en la medida en que la Agrupación crecía, este Círculo debió subdividirse y especializarse. Así nacieron los círculos de Derecho, Medicina e Ingeniería, por ser las carreras predominantes entre los miembros, al que se agregó luego otro de Filosofía especialmente para los que cursaban estudios de Letras.

Un caso especial fue el Círculo Ascético, para aquellos miembros que quisieran profundizar en su vida espiritual y convertirse en «fermento de los fermentos». Al principio era muy pequeño, pero después debió dividirse en dos: uno para estudiantes y otro para profesionales. Se trataba de buscar en la ascética el motor impulsor de la labor apostólica de los agrupados. El P. Rey escribió: «Por consiguiente el fin principal del Círculo es la conquista de una amistad íntima, generosa y activa con Jesucristo, buscando con sinceridad los medios prácticos más adecuados que nos lleven a ella».[47]

Estas líneas de formación convergen en un tipo de cristiano diferente, muy bien descrito por Miguel Figueroa en su *Ideario de la ACU*:

> Los dos objetivos de la orientación peculiar que sigue la Agrupación, dentro de las Congregaciones Marianas, convergen en la creación de un nuevo tipo humano, sobre el que se propone construir ese nuevo hombre, crearlo para Cristo y para la sociedad, capaz de llevar a cabo los ideales de la institución, es el agrupado, quien debe ser natural, abierto, franco, sincero, honesto, leal, recto, generoso, valiente, activo, servicial, genuino, espiritual y abnegado, buen amigo y normal, pero no mediocre, en quien la piedad, el estudio y la acción estén en perfecto equilibrio.[48]

---

[47] Figueroa: *Historia de la Agrupación*...p.47.

[48] Figueroa: *Ideario de la ACU*, p.2.

No resulta gratuito que el fundador adoptara como lema de la Agrupación la frase latina *Confortare et esto vir*. La forma verbal latina *confortare* de la que proviene en español el verbo «confortar» tiene una doble acepción, por una parte significa dar consuelo y ánimo, por otra, da a entender que se trasmite fuerza y energía. En cuanto a *esto vir,* puede traducirse simplemente como «sé hombre», pero para comprender su alcance es preciso saber que Rey de Castro lo extrajo de la Vulgata, la traducción latina de la Biblia, donde aparece al menos tres veces en el Antiguo Testamento la admonición que puede traducirse como «sé un hombre».

La primera, en el primer libro de Samuel: *Dixit autem Saul ad David: «Ecce filia mea maior Merob, ipsam dabo tibi uxorem; tantummodo* **esto mihi vir fortis** *et proeliare bella Domini». Saul autem reputabat dicens: «Non sit manus mea in eo, sed sit super illum manus Philisthinorum»* (I Samuel 18,17) [Dijo Saúl a David: «Voy a darte por mujer a mi hija mayor Merab, tan sólo con que me seas valeroso y luches las batallas de Yahveh». Saúl se había dicho: «Que no muera por mi mano, sino por mano de los filisteos».]

La segunda está en el segundo libro de Samuel, ahora en boca de Joab, jefe del ejército de David: *«****Esto vir fortis****, et fortiter agamus pro populo nostro et civitatibus Dei nostri; Dominus autem faciet, quod bonum est in conspectu suo».* (II Samuel 10,12) [Ten fortaleza, esforcémonos por nuestro pueblo y por las ciudades de nuestro Dios y que Yahveh haga lo que bien le parezca.]

En ambos casos la condición de varón no es una simple identificación de género, sino que está asociada con cualidades como el valor, la fortaleza, la capacidad de entregarse a un combate a favor de Dios y del pueblo, lo que está en perfecta concordancia con la definición del «agrupado» que acabamos de transcribir.

Sin embargo, es en el tercero de estos pasajes en el que el P. Rey parece haberse fijado: *Adpropinquaverant autem dies David ut moreretur praecepitque Salomoni filio suo dicens ego ingredior viam universae terrae* **confortare et esto vir** (I Reyes 2,2) [Cuando se acercaron los días de la muerte de David, dio órdenes a su hijo Salomón: «Yo me voy por el camino de todos. Ten valor y sé hombre»]. Como puede verse es un consejo paternal, aunque en modo imperativo, que reafirma la masculinidad como portadora de valor e integridad personal.

Seguramente, en estos tiempos, donde han ganado espacio en la sociedad los reclamos feministas y los estudios de género, podría parecer que lo que procuraba el fundador de la ACU era exacerbar el «machismo» cubano, extendido en todas las capas sociales y reforzar su supuesta superioridad sobre la mujer.

En primer término, es preciso recordar que en su tiempo, tanto en España como en Cuba la vida pública en general y en particular los círculos intelectuales y la política eran espacios casi exclusivamente masculinos y que al conformar su Agrupación él eligió precisamente a una parte de esa élite que debería influir en la sociedad.

Pero el sagaz sacerdote supo marchar con los tiempos y cuando se hizo evidente en la Isla un ascenso en el nivel intelectual de la mujer y la presencia pública de profesionales, escritoras, activistas sociales, él será impulsor de la creación de la asociación femenina *Rosa Mística*, en la que nos detendremos más adelante.

Por otra parte, nótese, tanto por la apoyatura bíblica como por el sello que se imprimía en las agrupados a través de la formación que no se reforzaban los defectos comunes del «machismo» cubano: la grosería, la jactanciosidad, el maltrato a las mujeres, sino exactamente lo contrario, aquellas virtudes que debían destacar en los buenos esposos, padres y amigos.

Como subraya Figueroa:

> Este individuo, que debe ser un hombre profundamente convencido de estar «consagrado» a la renovación de la sociedad, a transformarla y conducirla a la razón y a la educación cristiana, es la levadura que fermentará a la sociedad para catalizar sus instituciones, y restaurar el

ambiente deshecho por los enemigos de la Iglesia, el destinado a influir en el pensamiento de sus contemporáneos hasta llegar a dirigirlo, y así poder devolverlo a Cristo.[49]

Estas reflexiones sobre la labor educativa de aquel iluminado fundador podrían completarse con el testimonio de un agrupado, Luis Fernández Caubí, escrito diecinueve años después del tránsito del P. Rey a la Casa del Padre:

> Quiso que sus congregantes, los «agrupados», fueran profundos en la piedad, aventajados en el estudio, alegres, audaces y que tuvieran esa vocación por el servicio desinteresado y que diferencia a los apóstoles de los burgueses. Quiso, además, que fueran señores, y no esclavos del ambiente.
>
> Fue un verdadero maestro y, como tal, no se acomodaba, sino que obligaba a erguirse.[50]

No siempre los proyectos del P. Rey pudieron desarrollarse conforme a sus previsiones humanas. Los caminos de Dios son misteriosos. Así, en 1932 tres de los más valiosos agrupados que formaban parte de los Directivos de la Agrupación que habían tomado posesión en diciembre de 1931: Ricardo Chisholm, Enrique Oslé y Esteban Beltrán, solicitan su ingreso en la Compañía de Jesús. Era difícil prescindir de ellos cuando aún la congregación tenía pocos miembros y casi todo estaba por hacer en ella. El fundador pensó en la posibilidad que hicieran el noviciado en Cuba, pero en ese momento no fue posible y el 15 de noviembre de ese año debió despedirlos cuando embarcaron con destino a Bélgica.

Si eso no fuera suficiente, ese mismo día se dio a conocer que el padre Rey había sido trasladado a Camagüey como superior de la residencia de aquella ciudad. No parecía que la congregación pudiera resistir este nuevo golpe.

---

[49] Ibidem.

[50] Luis Fernández Caubí: *La muerte es gan*ancia, p.3.

Sin embargo, también esta prueba pudo ser vencida. Juan Suárez, Secretario General en funciones, decidió, contra viento y marea, gestionar el regreso del Director. Escribió al obispo de Camagüey, Mons. Enrique Pérez Serantes, para que ayudara al retorno del religioso. Como no tuvo respuesta, se dirigió al Viceprovincial Camilo García para que tomara cartas en el asunto. Este le respondió que procuraría reducir la ausencia de Rey «a un mínimum» aunque, al parecer, nada hizo, lo cual es explicable, si, como hemos expuesto, veía con prevención la existencia de la Agrupación y quizá el alejamiento del sacerdote fuera idea suya. Pero Suárez fue constante y puso al tanto a Chisholm quien contactó en Hendaya al Padre Provincial Enrique Carvajal y lo advirtió de lo que sucedía. Este, de inmediato envió un cablegrama al Viceprovincial, advirtiéndole de que si no quería en La Habana al P. Rey de Castro, en el trabajo de la Agrupación, se lo hiciera saber y él se lo llevaría de regreso a Europa para fundar una obra semejante.

El P. Camilo García tuvo que rendirse por obediencia y el P. Felipe estaba de regreso en La Habana el 26 de septiembre siguiente, aunque debió retornar brevemente a Camagüey a mediados de octubre, para impartir una tanda de Ejercicios que tenía ya comprometida. Nadie intentaría durante el resto de su vida, apartarlo de su obra mayor, aunque no le faltarían contratiempos y obstáculos, con algunos hermanos de comunidad.

Juan Suárez continuó siendo uno de los más diligentes colaboradores de la Agrupación. Unos años después descubrió su vocación sacerdotal. Se preparó como sacerdote diocesano sin apartarse de la ACU. Fue párroco de Madruga. Permaneció en Cuba tras la revolución de 1959 y sirvió a su ministerio en años muy difíciles, a veces en medio de una pobreza difícil de describir. Dada la grave carencia de clero, a partir de 1961 debió hacerse cargo de la parroquia de Bejucal, con sus filiales de San Felipe y La Salud, así como la capellanía del hogar de ancianos Santa Susana regido por las Hijas de la Caridad. No poseía medios propios para trasladarse, debía hacerlo en aquellos escasos y deficientes ómnibus que empleaba el pueblo sencillo. Ya la ACU no funcionaba en

Cuba, pero él conservaba la fortaleza y el espíritu ascético de un agrupado ejemplar.

Monseñor Antonio Rodríguez lo evoca así:

> Durante los once años que fue párroco de Bejucal dormía en el piso, encima de la alfombra del altar mayor, comía mucho de la cantina que le enviaban las Hijas de la Caridad, al final de sus labores pastorales y ya estaba fría.[…] Y todo esto venía acompañado de las burlas, los gritos, altoparlantes y «planes de la calle» alrededor de los templos.[…] Nunca dijo que no podía vivir en Cuba». Semirretirado, falleció el 26 de marzo de 1977 en el hospital La Covadonga. Fue párroco de la Iglesia del Santo Ángel Custodio, aquí en La Habana.[51]

---

[51] Mons. Antonio Rodríguez: «Los que se quedaron». *Palabra Nueva*, La Habana, no.299, abril-junio, 2022, p.29.

VI
Los peligros de la política

Para quien estudie la vida del P. Felipe resulta evidente que era alguien fuertemente comprometido con su labor apostólica y nada dispuesto a dejarse desanimar porque las circunstancias resultaran aparentemente adversas para sus iniciativas. Y, por los tiempos en que regresa a Cuba, tanto la política española como la de la Isla resultaban alarmantes.

Apenas un mes después de retornar el sacerdote a la Isla, el 14 de abril de 1931, se proclama la Segunda República en España y Alfonso XIII tiene que partir al exilio. Aunque algunos prelados católicos como el arzobispo de Tarragona Francisco Vidal y Barraquer y publicaciones como *El Debate*, orientada por el P. Ayala y dirigida por Ángel Herrera Oria procuran mantener una actitud respetuosa y dialogante ante el nuevo régimen, la mayor parte del clero, los religiosos y la feligresía se manifiestan como monárquicos.

La inauguración en Madrid del Círculo Monárquico el 10 de mayo siguiente fue vista por los elementos republicanos radicales y por las turbas exaltadas, como una provocación que motivó desórdenes en la ciudad y al día siguiente fue incendiada la Casa Profesa de los Jesuitas de la calle de la Flor.

Aunque se suponía que el presidente Niceto Alcalá Zamora y el ministro de gobernación Miguel Maura eran católicos, no supieron o no quisieron imponerse a los otros miembros del Gobierno Provisional que no querían enajenarse la buena voluntad popular y actuaron con irresponsable indiferencia.

Pronto arderían también el convento de las Bernardas en Vallecas y la iglesia de Santa Teresa, adjunta a la comunidad de los

Carmelitas Descalzos en la Plaza de España. A ello siguió la quema de varios colegios católicos y sedes de asociaciones piadosas, no solo en la capital sino en Málaga y otras ciudades de la Península.

Las contradicciones se acentuaron al aprobarse la Constitución Republicana de diciembre de 1931. En ella se decretó la separación de la Iglesia del Estado, se declaró a esta «corporación de derecho público» y estableció la libertad de cultos. Básicamente, esto era lo habitual en las repúblicas laicas de Europa, pero fue más allá, al incluir el artículo 26, que no solo señalaba que ninguna asociación religiosa podría recibir ayuda alguna del Estado, sino que las congregaciones que tuvieran establecido un cuarto voto de obediencia que no fuera al Gobierno, serían suprimidas, cerrados sus colegios e incautados sus bienes.

Era un golpe que iba derechamente hacia los jesuitas. De hecho, en 1932 la Compañía fue suprimida en España. Era un nuevo capítulo de las persecuciones que había sufrido en aquella tierra, desde 1767 en que Carlos III, a través de la «Pragmática Sanción» los expulsara de sus dominios.

Aunque restablecida la orden en España en 1815, en 1820 fue nuevamente suprimida por el gobierno constitucional y así permanece hasta 1823 en que logra iniciar una década de existencia tranquila que concluye en 1834 cuando las turbas, azuzadas por políticos liberales, asaltan el Colegio Imperial de Madrid y son asesinados diecisiete jesuitas. En 1836 el gobierno volvió a expulsar la Orden y esta solo pudo retornar en1852 por gestiones de la reina Isabel II.

Desde entonces podrán trabajar con tranquilidad hasta el último trimestre de 1931, aun antes de aprobarse la Constitución. El 12 de octubre los provinciales de la Compañía elevan un documento de protesta a las Cortes Constituyentes porque conocen la pretensión de suprimir a los jesuitas. Este fue en vano, el 23 de enero de 1932 la II República suprime a la Compañía y se apodera de todos sus bienes. 2640 jesuitas tienen que salir del país y refugiarse en Marquain y Marneffe en Bélgica.

Estos sucesos, alentados por políticos de izquierda, en su gran mayoría laicistas, anticlericales y de tendencia socialista, motivaron con ello la fractura entre la parte del pueblo que los seguía y otra gran parte de él que aunque tuviera previamente alguna simpatía por la República y sus reformas vieron atacadas sus creencias personales. Eso fue el caldo de cultivo de las creciente polarización que se produjo hasta 1936 y desembocó en la Guerra Civil, donde en el bando republicano se acentuó la persecución religiosa, sobre todo por parte de anarquistas y comunistas, lo que motivó el martirio de muchísimos cristianos y en el bando «nacional» de los militares sublevados, el empleo del catolicismo como factor de apoyo y cohesión, justificado por una buena parte de la jerarquía. Ello permitió sentar las bases del Nacional-catolicismo promovido por el caudillo Francisco Franco, con el apoyo de la Falange Española de José Antonio Primo de Rivera.

Gracias a la Providencia, el P. Rey de Castro pudo salvarse de esos avatares. De hecho, el Colegio La Inmaculada de Gijón fue destinado por la República a cuartel y quedó totalmente destruido durante la Guerra Civil. Solo en 1946 pudo reedificarse. Él no tuvo que vivir con sus hermanos el exilio o sufrir el martirio. Dios lo reservaba para otras tareas.

Los conflictos de España se prolongaron en Cuba por la presencia de abundante clero español y gran número de emigrados católicos. El apoyo al Bando Nacional se hizo visible en las grandes sociedades regionales como el Centro Gallego, así como el papel del *Diario de la Marina* que mantuvo posiciones adversas a la República y se adhirió a la sublevación militar. Era conocido que el Servicio Exterior de la Falange había auspiciado la constitución de una filial en Cuba que extendió su actuación entre 1936 y 1941, aunque no tuvo el apoyo de los gobiernos del país en esa etapa y sufrió presiones de la embajada norteamericana que los acusó de ser colaboradores de la Gestapo, lo que aceleró su fin en el momento en el que Cuba se sumaba al bloque antifascista.

El P. Felipe, opuesto a los excesos de los políticos de izquierda y solidario con sus hermanos perseguidos, no derivó de ello una acción política, a diferencia de sacerdotes españoles como los P. Fernández Gayol y Lobato. No se adhirió al Bando Nacional, a pesar de que este contara con simpatizantes notorios como el presidente de los Caballeros Católicos, Valentín Arenas Armiñán.

Sabía que esos enfrentamientos tendían a dividir en Cuba a los cristianos, como había sucedido en España. Su respuesta fue educativa y por ello, desde tan temprano comenzó a impartir sus cursos donde hacía un análisis crítico de las ideologías socialista, comunista y anarquista. Esta labor luego se prolongaría en las conferencias del P. Manuel Foyaca de la Concha SJ, sobre temas de Doctrina Social.

Las más cercanas circunstancias de la política cubana eran también preocupantes. El presidente Gerardo Machado intentaba mantenerse en el poder, después de la «prórroga de poderes» instrumentada de manera inconstitucional. La represión a los opositores del régimen creó un ambiente de terror en el país.

Estudiantes, obreros, intelectuales, políticos de diversas tendencias, eran, en el mejor de los casos, encarcelados, mientras los considerados más peligrosos eran secuestrados y torturados en las estaciones de policía o en el temible Castillo de Atarés. Muchos desaparecían de manera misteriosa. La labor intimidatoria del grupo paramilitar conocido como «La Porra» y las delaciones de los «apapipios» al servicio de la policía secreta completaban el lúgubre panorama.

Como resultaban impracticables los mecanismos de una oposición democrática, los adversarios del machadismo comenzaron a valerse también de métodos terroristas que incluían atentados contra políticos y colaboradores del oficialismo: colocación de petardos en espacios públicos, intentos de envío de expediciones militares para derrocar al presidente y numerosas venganzas y ajustes de cuentas basados en la ley del «ojo por ojo». Gobierno y opositores coincidían en una sola cosa, el uso de la violencia para hacer prevalecer sus intereses.

Ni siquiera dentro de la Iglesia era posible pensar con serenidad. Ya hemos señalado que el arzobispo de La Habana era admirador y amigo del Presidente y que el P. Camilo García estaba al tanto de las opiniones «de Palacio» y se guiaba por ellas. Eso no inhibía a muchos jóvenes católicos a formar parte de la oposición y, de ese modo, la ACU quedaba entre dos fuegos, por una parte era considerada como un nido de revoltosos por las esferas oficiales, simplemente por ser universitarios, en tiempos en que el alto centro de estudios era un baluarte de conspiraciones antigubernamentales, por otra, los miembros moderados o sencillamente al margen de la política en la congregación, eran mirados con desconfianza por los opositores activos que los veían como cómplices del dictador.

Hasta las reuniones en La Anunciata podían ser sospechosas para la policía y la comunidad de jesuitas de Reina miraba a la ACU como un peligro para su tranquilidad, por lo que se comenzó a insistir en que se trasladaran a un local propio para no comprometer a los padres que residían allí.

En los años siguientes la violencia se incrementó, hasta que en el verano de 1933 el país quedó prácticamente paralizado por una huelga general. El 12 de agosto Machado y algunos de sus colaboradores salieron del país. El gobierno de Estados Unidos envió a un funcionario del Departamento de Estado como mediador para intentar que la situación social no se saliera de control y coordinar el diálogo entre los diferentes grupos de la oposición. Sin embargo no se pudo lograr de inmediato la estabilidad política ni la paz pública.

El gobierno provisional encabezado por Carlos Manuel de Céspedes y Quesada, resultó inmovilista, impopular y frágil. El 4 de septiembre de ese año, un grupo de sargentos, encabezados por Fulgencio Batista hicieron un pronunciamiento desde el cuartel de Columbia, apoyados por representantes del Directorio Estudiantil

Universitario, entre ellos Juan Antonio Rubio Padilla, recién retornado del exilio y decidieron el derrocamiento del flamante presidente.

Se resolvió formar un gobierno colegiado —la Pentarquía— que apenas duró una semana, sin lograr el apoyo de algunas de las más importantes fuerzas políticas ni del gobierno norteamericano. La sustituiría como jefe de estado un médico y profesor universitario el Dr. Ramón Grau San Martín, quien se pudo sostener en el poder por apenas cien días.

Aunque el nuevo gobierno tomó algunas medidas sociales positivas estaba minado por la división en su propio interior. El ministro de Gobernación era Antonio Guiteras, hombre de pensamiento socialista pero distanciado de los comunistas tradicionales de tendencia estalinista. El jefe del ejército era Batista, quien despreciaba a Grau, temía a Guiteras y conspiraba para liquidar a este gobierno renovador pero frágil.

El militar empleó una violencia sin límites para eliminar a sus opositores. El 8 de septiembre de 1933 alrededor de 400 antiguos oficiales del Ejército se refugiaron en el Hotel Nacional, en protesta por el golpe de estado perpetrado 4 días antes y reclamaron al embajador Welles apoyo para reponer al gobierno de Céspedes, pero este los abandonó a su suerte.

El 2 de octubre siguiente, el nuevo jefe del Ejército dirigió una operación en la que el hotel fue atacado por las fuerzas armadas, con el apoyo del Ejército Caribe formado por estudiantes de la Universidad. Dispararon contra el edificio no solo con fusiles sino con artillería, hasta que los oficiales izaron la bandera blanca, sin embargo cuando comenzaron a salir al jardín, ya rendidos, muchos de ellos fueron masacrados a mansalva. Se registraron 11 muertos y 122 heridos. El anónimo redactor del *Diario de la Residencia Jesuita de Reina* anota ese día:

> En virtud de estas trágicas noticias, que acaban de llegar, salen ahora para los Hospitales de Emergencias y Calixto García los PP [Antonio] Arias y Rey [de Castro] a ofrecer

los auxilios espirituales a los heridos que allí se encuentren. Regresan a las 9 y media después de haber asistido a unos 30 heridos en Emergencia y unos 20 en el Calixto. Los soldados, en su inmensa mayoría han sido hospitalizados en Columbia.[52]

Resultan significativos también los sucesos ocurridos poco antes, el 29 de septiembre de 1933, que implicaron indirectamente a la propia Compañía. Los miembros del Partido Comunista habían decidido trasladar desde México los restos mortales de Julio Antonio Mella y rendirle honras fúnebres en un local situado en la Calzada de Reina, a pocos metros del templo del Sagrado Corazón. El propósito era sepultarlo después en el Parque de la Fraternidad, bajo un pequeño obelisco hecho a toda prisa. Sobradamente sabía la cúpula del Partido que no habría consenso en el gobierno ni en el ejército sobre este gesto, pero decidieron probar fuerzas con ellos y reivindicar su presencia en el panorama político.

En primer término, Guiteras concedió el permiso para la manifestación fúnebre, pero a última hora lo canceló, enterado de que Batista apelaría a la violencia contra estos. Los comunistas desoyeron la prohibición y ocuparon la calle. El flamante coronel Batista hizo que unos guardias demolieran a mandarriazos el pequeño obelisco y se enfrentaron con el cortejo fúnebre apenas salió del velatorio a la calle Reina. Ambas partes estaban armadas y en el intercambio de disparos que se produjo murió un niño que formaba parte del cortejo del Partido y hubo varios heridos y atropellados.

Como algunos tiradores —tal vez del Ejército— se habían apostado en los escalones del pórtico del vecino templo, se propaló el rumor de que personas vinculadas a la Compañía habían disparado desde allí contra los asistentes al entierro. Tal rumor malicioso motivó un documento firmado por representantes de los Caballeros Católicos, la ACU y el llamado Ejército Estudiantil Pro Ley y

---

[52] APA (Habana) *Diario de la Residencia de Reina II (1930-1934)*, folio 253. Citado por Sáez: *Presencia de los jesuitas...*p.244.

Justicia, que apareció en los diarios habaneros *Información* y *La Mañana*[53], exculpando a los jesuitas de aquel incidente.

Tan tensa se mantuvo la situación en los meses siguientes que cuando se supo que habría otra manifestación en aquel barrio el 21 de diciembre de aquel año, un jefe de patrulla de la policía visitó al Superior de la comunidad y le informó que «se situaría un retén de vigilancia en las azoteas y torre del edificio».[54]

A estos hechos sucedería la rebelión de los miembros del ABC contra el gobierno el 1 de noviembre siguiente, a la que puso fin el jefe del Ejército el día 9 con una masacre en el Castillo de Atarés donde se habían concentrado los últimos sublevados. Muchos de los tomados prisioneros por las fuerzas militares fueron fusilados allí mismo. Se calculó en 100 la cifra de muertos y en 200 la de heridos. Al día siguiente el anónimo escritor del *Diario* anota:

> Entre soldados que hacen vigilancia por las calles de la ciudad y gente desconocida, que acecha su paso desde las azoteas, se entabla a las 9 y media a.m. un nutrido tiroteo alrededor de nuestra Residencia, Reina-Belascoaín y Parque de Finlay, que siembra la alarma entre los transeúntes, quienes se refugian apresuradamente en el hall de entrada de la iglesia. En fin, que con tantos tiros como suenan, con tanta frecuencia, por el día, en la noche, por encima, por los lados, hay peligro de que estallen los nervios de alguno de la Residencia y vamos todos viviendo de milagro. No nos falta más que un día de la semana para que tengamos en nuestros recuerdos una semana completa de horrores y tragedia.[55]

A estos hechos habría que sumar los rumores que durante varios meses se propalan en La Habana sobre la posibilidad de que

---

[53] Sáez: *Presencia*...p.117.

[54] Ibidem.

[55] Diario...f.260, Sáez: *Presencia*...pp.245-246.

fueran atacados ciertos conventos. Aunque tal cosa no llegó a suceder, no era absurdo el temor, en tanto que entre los diversos grupos contendientes había anticlericales, comunistas, anarquistas y los jesuitas conocían, por la experiencia histórica española, que ellos eran habitualmente considerados como «la cabeza de turco» para tales elementos, además de que ellos estaban al tanto de la violencia desatada contra los religiosos desde el inicio de la Segunda República en la Península, además de que algunos de más edad recordaban los sucesos de la Semana Trágica de Barcelona, en el verano de 1909. El señalado «peligro de que estallen los nervios» no era una exageración del autor del *Diario*. Pero los residentes de aquella casa resistieron, incluido el P. Rey.

El fin del gobierno de Grau y su sustitución por el del veterano coronel Carlos Mendieta Montefur, protegido por el jefe del Ejército, no trajo la paz al país. Huelgas, enfrentamientos entre la policía y los estudiantes, conspiraciones de todo género y la multiplicación de encarcelados y maltratados producían la impresión de que la época de Machado no había concluido.

Solo después de las elecciones de enero de 1936, primero bajo la presidencia de Miguel Mariano Gómez, cesado tras siete meses de gobierno por el Congreso, a instancias de Batista y luego sustituido por el vicepresidente Federico Laredo Bru hasta el fin del período, fue lográndose cierta estabilidad política y se reorganizaron los partidos con vistas a la Asamblea Constituyente de 1940 que dio inicio a una nueva época en la democracia cubana.

Sin embargo, aquellos años de efervescencia revolucionaria, apoyados en la violencia y el desorden pasaron factura a la sociedad. Antiguos opositores de Machado se convirtieron en «revolucionarios profesionales» agrupados en supuestos partidos que eran en realidad pandillas expertas en la extorsión, la intimidación y la lucha por dominar posiciones oficiales y devorar grandes cantidades del tesoro público.

Tristemente, la Universidad se convirtió en sitio privilegiado para acoger y servir de base de operaciones a algunos de estos elementos.

En el recinto universitario había alumnos y profesores armados, facciones enfrentadas en público y hasta asesinatos a la vista de todos. En medio de esto, los miembros de la ACU debieron realizar un difícil apostolado, en primer término manifestarse como cristianos en un medio donde primaban el agnosticismo, el escepticismo y hasta cierta orientación marxista. Por otra parte, debían actuar como verdaderos estudiantes donde otros solo estaban interesados en «tánganas» y desórdenes. En 1937, los mejores expedientes en varios de los cursos de Derecho, Medicina, Filosofía y Letras e Ingeniería Civil, pertenecían a la Agrupación.[56]

En medio de estas agitaciones la congregación había ido creciendo. Según el acta del Consejo celebrado el 22 de octubre de 1933 se sabe que por esas fechas contaban con ochenta miembros. Fue en esta reunión que se acordó adoptar como patrona a la Inmaculada Concepción y también, gracias a la rápida evolución de la Agrupación, solicitar de Roma que se le reconociera como Congregación Mariana agregada a la Prima Primaria.

Esa expansión requería ya de un espacio propio. Necesitaban un techo que fuera cercano a la Universidad: «Cerca del alto centro docente. Y lejos de la curiosidad ventanera de los jesuitas chapados a la antigua».[57] Localizaron una construcción antigua, construida en el siglo XIX por el Conde de Lersundi, en San Miguel y Mazón, amplia y bien conservada. No fue fácil conseguir el dinero para el alquiler. Gracias a Monseñor Ruiz, quien ofreció una asignación de cincuenta pesos mensuales a la Agrupación fue posible establecerse allí el 1 de diciembre de 1933 y la capilla pudo bendecirse el 15 de enero de 1934.

En ese año se recibieron dos importantes noticias: la firma el 19 de julio del decreto papal que erigía a la ACU en Congregación Mariana agregada a la Prima Primaria y en octubre la autorización

---

[56] Hernández: *Agrupación*...p.22.

[57] Ibid, p.33.

para la instalación permanente del Santísimo Sacramento en la capilla, lo que se hizo efectivo el 28 de octubre, en la fiesta de Cristo Rey. Allí se inició la costumbre de los agrupados de visitar el sagrario al llegar al local social y al retirarse.

El crecimiento de la membresía, la diversidad de sus intereses y las necesidades prácticas del país fueron motivando la multiplicación de círculos y academias. Así surge a partir de noviembre de 1931 la Academia de Lenguas y Comercio que impartía inglés, alemán, taquigrafía, contabilidad y otras materias, aunque pronto se estabilizó solo en la enseñanza de lenguas extranjeras.

En 1932 se constituyó la Academia Literaria, destinada a formar escritores y oradores católicos. Su dirección fue confiada al P. José Rubinos, quien tenía experiencia en el periodismo desde las páginas del *Diario de la Marina* y encabezaba la Academia La Avellaneda en el Colegio de Belén.

Esta institución promovió cursos teóricos como el dictado por el director en 1937 sobre «Oratoria en la Antigüedad», así como conferencias encargadas a intelectuales prestigiosos, hay constancia de las impartidas por el diplomático y crítico de arte Guy Pérez Cisneros sobre «Arte Moderno» y «Contenido de la poesía afrocubana» en 1936. Así mismo, una parte de sus miembros se concentró en una especie de taller de redacción literaria destinado a ejercitar a los que deseaban formarse como escritores o periodistas. La motivación de este último grupo fue el acicate para la fundación en 1935 del Círculo Periodístico, también a cargo del P. Rubinos.

Paralelamente, comienzan las labores del Círculo Social, destinado a estudios de carácter sociológico con enfoque cristiano desde 1935. En ese mismo año nacieron el Círculo Médico y el Jurídico.

El primero tuvo una enorme importancia dentro de la ACU. En su seno se procuró complementar y reforzar la preparación de los estudiantes de Medicina, con conferencias o cursos sobre temas de Fisiología, Patología, Bioquímica, Anatomía e Histología. Este se fue especializando en grupos más pequeños, dirigidos a reunir estudiantes según el año que cursaran para reforzar las materias más importantes del currículo académico y llegó a conformarse uno, para los que estudiaban en los últimos años, dedicado a discutir casos clínicos específicos.

Mas la labor de ese Círculo no era exclusivamente hacia lo interno, sino que en la medida en que comenzó a desarrollarse el apostolado social, este prestó una especie de labor de extensión, a partir de charlas de educación sanitaria, orientación y consultas médicas, especialmente en la obra que desarrollarían en el barrio Las Yaguas.

Con los años el panorama se ampliaría todavía más con el Seminario de Investigaciones Históricas (1936) y los círculos de Ciencias y Ciencias Comerciales en 1938.

No debe olvidarse el surgimiento de la biblioteca de la Agrupación en 1933 que se incrementó en años sucesivos, con donaciones como la de la Sra. Rosalía Fernández Quevedo quien donó la biblioteca jurídica de su esposo, el jurista Cristóbal Bidegaray, así como con las frecuentes compras de textos de todas las ramas del saber. Con los años, pudo organizarse por secciones, correspondientes a las diversas especialidades universitarias, cada una en un salón propio y con cuartos de estudio a disposición de los miembros que les permitieran repasar sus materias sin ser molestados.

De este modo, el P. Rey daba su respuesta pedagógica a las complejas circunstancias políticas cubanas. Respondía al caos con el orden. Frente a una Universidad clausurada con frecuencia y en la que pocos se consagraban al estudio, abría aulas para profundizar en materias intelectuales y formar profesionales competentes. Mezclaba la enseñanza espiritual con la intelectual. Buscaba médicos, abogados, ingenieros, periodistas bien formados para que pudieran realizar un apostolado social de excelencia. Esa era una respuesta política infrecuente. Lo que prefería aplazar era la labor en la política directa, la vinculada con la labor de los diferentes partidos, manifestada en la acción desde las tribunas y los medios de comunicación, con sus componendas y corruptelas, para eso, afirmaba, había que esperar a estar bien preparados.

En lo personal, él no se adhirió, ni mostró preferencia por partido alguno. Rechazó radicalmente los totalitarismos, la propaganda descristianizadora, la violencia enemiga de la democracia. No cometió el error, frecuente por entonces, de convertir a una figura pública, por piadosa que fuese, en un líder cristiano a seguir por los fieles y solo tardíamente —después de 1948, como veremos más adelante— escuchó las propuestas de sus discípulos para fundar un partido basado en los principios de la democracia cristiana, pero a la hora de su tránsito tal empeño no había logrado cuajar y se volvió inviable en la Cuba de los años que siguieron. Sus lecciones de vida son aun aplicables para los cristianos que quieran entrar en la liza política en cualquier parte del mundo.

VII
Talante de un fundador

Quien haya leído hasta aquí esta biografía podría señalar que el recorrido vital de Felipe Rey de Castro no abunda en anécdotas emocionantes o graciosas, que su existencia, salvo algún detalle, parece seguir una ruta uniforme, sin grandes pasajes dramáticos y que su propia imagen no tiene demasiados rasgos singulares.

En mi descargo, yo podría argumentar que ciertas virtudes del religioso, quizá las que Dios más aprecia, no parecen demasiado atractivas a los hombres: la fidelidad, la coherencia de vida, la tenacidad para sostener una obra una vez creada, la modestia que rechaza toda atención particular sobre su persona, la pobreza asumida con discreción en la vida cotidiana, la existencia reglamentada no solo por las normas de la Compañía sino para ejercitar su laboriosidad sin distracciones. Estaba lejos de ser lo que hoy podría calificarse como una personalidad mediática.

Cuando analizamos las fotografías que nos han quedado de él, descubrimos al sacerdote joven, con lentes y siempre ataviado con su sotana, habitualmente negra, como era tradición en España. Si la imagen es de 1931 o de poco tiempo después descubrimos una ligera sonrisa en su rostro que anuncia esa afabilidad que descubrieron primero sus alumnos en Belén y luego sus discípulos de la ACU.

Es la apariencia del profesor acogedor, dedicado a sus formandos, pero en modo alguno puede derivarse de ello que fuera distendido, permisivo, relajado, ocurrente, mucho menos chistoso. En las fotos de los últimos años la expresión es más adusta, ha descubierto la brevedad de la vida humana y requiere emplear bien del tiempo que le ha sido concedido para dejar a punto la edificación de su obra.

En las fotos de conjunto llama la atención su corta estatura, pero esto, que alguien superficial podría juzgar como una limitación, es suplido por un carácter que no puede ser medido por una vara.

De lo leído sobre él puede inferirse que en la formación de su personalidad pesaron muchos factores: la pérdida temprana del padre; la exigencia materna para educarlo en lo intelectual y espiritual, sin concesiones ni caprichos; el ejemplo cercano de personas consagradas como el tío sacerdote y la tía abadesa; el rigor de los años de formación en la Compañía; la tenacidad y entereza que debió desplegar para poder fundar y librar de peligros a la Agrupación y defenderla aun de algunos de sus hermanos de comunidad; la conciencia de la necesidad de ser un testimonio vivo entre jóvenes nacidos en una sociedad que propiciaba el relajamiento de las costumbres y el disfrute de casi todos los placeres, sin olvidar otra condicionante cubana, la «guapería» local asociada con la hombría, aun entre personas de buena educación, que él debió enfrentar y reconducir entre sus agrupados hacia una auténtica virilidad cristiana.

Creo que a muchos de sus contemporáneos que lo miraban «desde afuera» debió parecerles brusco, huraño, falto de simpatías y nada halagador con superiores, hermanos o gente influyente, pero así mismo fueron tachados muchísimos santos a lo largo de su existencia, entre ellos el propio Ignacio de Loyola.

Uno de sus agrupados, Luis Fernández Caubí, lo describe de este modo:

> La frente despejada, los ojos vivos y la ancha sonrisa le daban una expresión digna, inteligente, acogedora. Caminaba con el paso rápido de la gente activa, jamás se arrellanó en una butaca y solía estar de pie en esa forma típica del fraile que sostiene el misal con una mano sobre la otra. Era hombre de modales muy medidos. Con una ligera

> contracción de los labios denotaba su disgusto y se llevaba la mano a la boca cuando algo le hacía mucha gracia, como para evitar que le saliera una risa demasiado estrepitosa.
>
> [...]
>
> Con su fino sentido del humor diluía tensiones, ponía en su sitio a los exagerados y disfrutaba del lado ligero de las cosas. Tuvo el don rarísimo del consejo. La mesura fue la nota definidora de su carácter.[58]

Por su parte, un destacado jesuita, el padre Sergio Figueredo, que conoció a Rey de Castro en 1950 cuando este visitó el noviciado de La Habana para trasmitir sus experiencias en la Conferencia de Promotores de Congregaciones Marianas sintetiza así su personalidad:

> El padre Rey de Castro, si ustedes me piden una síntesis de su perfil espiritual o de su vida, fue primero, un hombre de Dios, sobre todo insistiendo en lo que él traía de San Ignacio que era la reflexión.
>
> Siempre a mí me impresionaba cuando lo veíamos, aunque él no nos hablaba siempre, pero era un hombre más bien serio. En el libro en un momento determinado menciona, dice, lo concentrado que era en su capacidad de autocontrol el padre Rey de Castro.[59]

También el P. Figueredo se ha referido a la estabilidad del P. Rey en la comunidad de Reina, a la que perteneció desde su retorno a Cuba en 1931 y hasta su deceso en 1952, aunque gran parte de ese tiempo residiera en la sede de la ACU gracias a la autorización concedida por el Viceprovincial. Resulta quizá el jesuita del

---

[58] Luis Fernández: *La muerte*...p. 2.

[59] *Testimonio del P. Sergio Figueredo*. Iglesia de Gesú, Miami, enero de 2021. Transcripción, p.7

que está documentada una más larga pertenencia a esa casa religiosa.

El testimonio más desenfadado del agrupado Frank Salas es una impresión externa del P. Rey, a partir de la comparación que hace entre el estilo personal del fundador y el de su sucesor en la ACU, el P. Amando Llorente:

> El Padre Rey de Castro no tenía prácticamente vida pública; no iba a fiestas, no salía a excursiones, estaba metido en la Agrupación, o en Reina. En Reina iba a almorzar.[...] Desde San Miguel y Mazón iba caminando a Reina [...] No tenía, no tenía, cómo te voy a decir, gran humor. No lo entendía muy bien [...] Tú no podías bromear con el Padre Rey, no se podía bromear. Ahora, una característica que yo notaba: el Padre Rey en su oficina, en su cuarto, en el sillón, verdad, era un encanto de persona: suave, cariñoso, pero cuando salía de la puerta para fuera, si tu sacabas un pie fuera te ibas para la calle. Yo me acuerdo en la época mía, un fin de semana, cuando llegué un domingo habían como 30 ó 40 que se la había «cepillado» [expulsado] la semana esa anterior, porque no cumplían con la Agrupación.[60]

Esto puede complementarse con una anécdota relatada por otro agrupado, Pablo López, que hace evidente su sentido de humildad:

> Al Padre Rey yo no sé por qué lo mandan a Puerto Padre, Oriente, a una misión — yo no sé qué cosa — y, el Arzobispo de Santiago de Cuba, que era gallego también y que obviamente lo conocía, lo había conocido mucho, resulta ser Pérez Serantes. Y Enrique Pérez Serantes decide ir, como de sorpresa. Resulta que a las tres de la mañana del domingo, todo oscuro, hay ruidos, y enciende la luz, y

---

[60] *Testimonio oral* #1, pp.6-7.

eran los dos que habían ido a limpiar bien la Iglesia de Puerto Padre. Fíjate tú qué humildad.[61]

Esta digresión de nuestro relato para retratar con palabras al biografiado puede rematarse con unos fragmentos del artículo «El P. Rey que conocí dentro de la ACU» de René de la Huerta, publicado en el número que *Esto Vir* le dedicó, en marzo de 1952, poco después de ocurrir su deceso:

> Confieso que necesité años para llegar a conocer al P. Rey y que en mis primeras entrevistas con él apenas pude entrever su gran calidad humana. Sospecho que otro tanto haya ocurrido con la mayor parte de los agrupados, y es lógico que así fuese, ya que nuestro Director era una perfecta paradoja entre su apariencia exterior y modos de producirse, y su interior, de una ascética acendrada y una delicadeza espiritual única. Dos de sus más elevadas virtudes; la caridad y lo extraordinariamente psicológico de su trato, quedaban así enmascaradas bajo un manto de rudeza aparente, que era solo un arma estratégica, y que descorría totalmente en el confesionario o en su cuarto de Director Espiritual. Pero ¡qué exquisito cuidado puso en no aparecer un sentimental; en socorrer al menesteroso o ayudar al caído sin alardes de virtud, sin lágrimas ofensivas!
>
> [...] una síntesis, tal vez la más perfecta, del carácter del P. Rey: desnudez absoluta de todo lastre mundano que pudiera tarar su febril actividad constructiva; ambición sin límites cuando se trataba de la obra de Dios y de la Agrupación; régimen de trabajo de corte militar, a lo San Ignacio. Y todo ello contrastando con exquisiteces espirituales nada comunes.[62]

---

[61] Ibid, p.12.

[62] René de la Huerta: «El P. Rey que conocí dentro de la ACU». *Esto Vir*, marzo de 1952, p.14.

Cambio de directorio (circa 1934)

Entrada de nuevos agrupados (circa 1936)

VIII
El apostolado social

La labor educativa del fundador de la ACU no estaba en modo alguno orientada a encerrar a los congregantes en el interior de los templos e instituciones católicas, su destino era la evangelización de la sociedad, de modo que, junto a la estricta formación espiritual y al amplio programa de cursos, conferencias y debates, se iniciaron muy pronto las labores de apostolado, precisamente en aquellos sectores donde se concentraban los más vulnerables: marginales, presos, enfermos.

Aunque el interés central del P. Rey fuera la presencia católica en la Universidad, concibió esta de una manera irradiante. Los agrupados, no solo debían resaltar por su prestigio académico, sino que ofrecerían sus servicios en campos muy diversos, por humilde que pudiera parecer esta labor.

En fecha tan temprana como 1931 se estableció la primera de esas tareas apostólicas: la transformación de una escuela para niños pobres en academia nocturna para obreros en La Anunciata. Según Figueroa:

> Comenzaron con cuarenta alumnos que en ese mismo año aumentaron a noventa, la mayor parte muchachos que trabajaban de día y aprovechaban la noche para estudiar.
>
> [...]
>
> Desde luego que, la labor de catolización no fue descuidada. Tres veces por semana se les daba una conferencia de

religión, y se les preparó para que el domingo 28 de junio cumplieran con el precepto pascual.[63]

A pesar de las convulsiones políticas de esos años llegaron a tener una matrícula de alrededor de 130 alumnos, quienes recibían de los congregantes lecciones de matemáticas, taquigrafía, gramática castellana, instrucción cívica y otras materias.

Resulta muy interesante un documento sin fecha, que se conserva en el archivo de la comunidad de Reina, en el que el P. Rey de Castro, solicita al R. P. Viceprovincial que lo autorice a supervisar esta labor en traje seglar, lo mismo que al Hermano Coadjutor que le acompañara, porque sabe que una parte del alumnado —influido por ideas anticlericales— respetaría más a los profesores y tendría mejor comunicación con ellos, si no estaban dirigidos por «un cura».

No sabemos si la solicitud fue escuchada pero demuestra no solo el ambiente en que se desenvolvía el trabajo pastoral en la época, sino lo ajeno que estaba el fundador de cualquier tipo de formalismo y su lucidez a la hora de buscar más los frutos de una labor que de guardar las apariencias.[64]

En 1934 esta academia se convertiría en el germen de la futura Escuela Electromecánica de Belén. Y, de hecho tanto esta como las nuevas que surgieron tenían entre sus objetivos preparar a los estudiantes interesados para el ingreso en esta.

En 1938, la institución se trasladó al local del nuevo edificio de la ACU y comenzó a orientar a sus alumnos en materias como montajes eléctricos, radiotelefonía y otras especialidades.

Hacia 1942 abrió sus puertas el Colegio Sagrado Corazón en el barrio Balcón de la Lisa. La edificación era obra de la Asociación

---

[63] Figueroa: *Historia de la Agrupación*...p.88.

[64] P. Felipe Rey de Castro: Carta al R.P. Viceprovincial, sin fecha, en papel timbrado de la Residencia del Corazón de Jesús de los P.P. Jesuitas. Archivo de la Viceprovincia de las Antillas, La Habana.

de Antiguas Alumnas del Sagrado Corazón y otras colaboradoras. En la modesta pero sólida construcción, recibían instrucción en la mañana niños pobres y tres veces a la semana muchachas y señoras del barrio asistían a un curso de Artes Domésticas impartido por miembros de la asociación femenina y de las Damas Catequistas.

En la noche, los obreros matriculados podían acceder allí a clases de alfabetización, enseñanza primaria y de ingreso a la Escuela Electromecánica. A lo largo de muchos años, el plantel estuvo dirigido por un prestigioso agrupado, el Dr. Álvaro Ledón.

También en la barriada de La Lisa se llegó a poner en práctica la experiencia de una Cooperativa Obrera. Los vecinos depositaban cada semana sus pequeños ahorros en la tesorería y estos iban a una cuenta bancaria. Esta serviría para ayudar a las familias que presentaran circunstancias críticas, así como a realizar iniciativas que favorecieran a toda la barriada. Era una forma de completar la formación religiosa e intelectual que recibían los obreros a través de la aplicación práctica de la Doctrina Social de la Iglesia.

Otra escuela que tuvo resultados apreciables fue la del Colegio Dispensario «San Lorenzo» perteneciente a los Padres Agustinos. Allí impartían clases alrededor de catorce agrupados a un alumnado numeroso, con un programa equivalente al de los otros centros. Se destacó por el importante porcentaje de alumnos aprobados para ingresar en la Electromecánica.

Paralelamente, desde el año 1931, se iniciaron las visitas mensuales al Hospital de Leprosos del Rincón. Todavía aquella antigua enfermedad estaba marcada por una especie de estigma de exclusión social. Las Hijas de la Caridad atendían a los enfermos con verdadera abnegación pero aquella contribución espiritual se convirtió algo más que un acto caritativo para convertirse en un trabajo de promoción humana. Gracias a su ejemplo, a fines de ese año eran ya 19 jóvenes los que tomaban parte en esas visitas. Aunque esta labor se vio afectada a mediados de 1933 por la violencia política en la ciudad y el agravamiento de la crisis económica, logró recuperarse después y se mantuvieron, aun después de la muerte del P. Rey, mientras la ACU permaneció públicamente en Cuba.

A estas labores pronto se sumarían las catequesis. Al principio los agrupados impartían la doctrina cristiana en la propia iglesia del Sagrado Corazón y en el asilo para ancianos de la sociedad china «Chung Wah». A partir de 1944 esta labor se extendió también a la Casa de Beneficencia —en San Lázaro y Belascoaín—, así como en los colegios Baldor, Las Américas y San Antonio.

También a partir de ese año se hicieron presentes también en el reformatorio para menores de Torrens. Por unos años pudieron trabajar allí con el apoyo de las autoridades del centro y auxiliados por los Hermanos de La Salle. Sin embargo, a partir de 1952 la dirección de la institución comenzó a poner sucesivos obstáculos a esta labor, hasta que la ACU debió poner fin a su catequesis allí.

Un sueño no logrado fue sumar a esta tarea evangelizadora a los presos en el Castillo del Príncipe. No se olvide que en esa sombría cárcel estuvo confinado Juan Antonio Rubio en los días de la revolución contra Machado y probablemente él impondría al P. Rey de la urgente necesidad de tener una palabra cristiana para aquellos hombres privados de libertad. Nunca pudo lograrse la autorización. Debe recordarse que no solo el establecimiento pertenecía a un estado laico que excluía a cualquier obra eclesial de las instituciones públicas, sino que tanto en las estructuras gubernamentales, como en la policía y el ejército había figuras con posiciones anticlericales irreductibles y se complacían en tomar decisiones que condujeran a una mayor marginación de la Iglesia de cualquier espacio público. A diferencia de otras naciones de América, Cuba no tuvo en su etapa republicana capellanes castrenses ni tampoco en los centros penitenciarios[65], aunque

---

[65] Algo lograría en esta institución el P. Hilario Chaurrondo, CM, director de la «Obra del Preso» a cargo de los Padres Paúles, quien rehabilitó la antigua

puntualmente se autorizaba la visita a estos últimos de determinados sacerdotes y religiosas.

Esta labor misionera por excelencia, se completaría con el mayor y más duradero de los proyectos de la ACU: su labor integral de promoción humana en el barrio marginal llamado Las Yaguas, pero esto, por su importancia, merece un tratamiento aparte.

Es llamativo que algunos de los congregantes de las primeras promociones descubrieran poco tiempo después su vocación al sacerdocio: tres de ellos, Ricardo Chisholm, Enrique Oslé y Fernando Azcárate serían miembros de la Compañía, mientras que Juan Suárez y Calixto García Rayneri se formarían como sacerdotes seculares.

Esta cifra se multiplicaría con los años y en 1957 eran ya 31 congregantes los llamados a ser operarios de Cristo, de ellos 25 en la Compañía de Jesús y el resto en el clero secular, entre estos se incluye a Eduardo Boza Masvidal, futuro obispo auxiliar de La Habana y hoy en proceso de beatificación.

Un detalle que no debe pasarse por alto es la amplia red de relaciones establecida por el padre Rey para desarrollar las labores de apostolado social. A diferencia de lo habitual en las órdenes religiosas que era desplegar sus iniciativas contando solo con sus miembros, las cofradías o congregaciones que estuvieran adscriptas a ellas y algunos feligreses, la ACU no se limitó a valerse del capital humano propio, ni siquiera del muy apreciable que atesoraba la Compañía en Cuba, sino que fue capaz de establecer proyectos conjuntos con otras congregaciones como los Padres Agustinos, Hermanos de la Salle, Instituto de María Reparadora, Religiosas Esclavas del Sagrado Corazón, Damas Catequistas, así como con los Caballeros Católicos, otras ramas de la Acción

---

capilla de la fortaleza con el apoyo de los pintores René Portocarrero y Mariano Rodríguez y pudo celebrar la eucaristía allí y ofrecer pláticas y apoyo espiritual a los prisioneros. Pero esto no era un derecho legalmente reconocido sino algo que estaba sometido a la voluntad de la dirección del penal y a los cambios políticos.

Católica y otras agrupaciones laicales. A esto se sumaban muchísimas personas de buena voluntad, profesionales o no y aun aquellos que no eran creyentes pero tenían determinados principios morales y cívicos.

Aunque el padre Felipe se refería con orgullo a la congregación mariana que creara y no callaba sus éxitos, tuvo el don de acercarse a organizaciones y personas muy diversas y convertirlas en colaboradoras. En modo alguno debe creerse que se valía de su simpatía o de compromisos puramente sociales, eran su laboriosidad y su testimonio cotidiano para intentar lo que parecía imposible los que le ganaron tantos seguidores.

IX
Evangelizacion y experiencia social en Las Yaguas

Desde inicios del siglo XX varios médicos, arquitectos y otros hombres públicos habían denunciado la crítica situación de la vivienda en La Habana destinada a personas de escasos ingresos. Varios autores describieron la promiscuidad y penuria de las llamadas «casas de vecindad» o «cuarterías». Sin embargo, al iniciarse la tercera década de la centuria la cuestión se hizo más grave en tanto la crisis económica no solo hizo que se elevaran los alquileres y fueran arrojados a la calle los inquilinos insolventes, sino que se incrementó la migración de familias desde zonas campesinas próximas a la capital o desde otras provincias, en busca de trabajo para subsistir. De ese modo, comenzaron a surgir barrios de indigentes, compuestos por viviendas improvisadas y en condiciones insalubres, en las afueras de La Habana.

Con mucha rapidez se formó una especie de anillo de asentamientos precarios en torno a las faldas del Castillo de Atarés, que fueron bautizados como Isla de Pinos, Villanueva y La Cueva del Humo, sin embargo, otras partes de la ciudad vieron surgir también este tipo de enclaves poblacionales, es el caso de Las Yaguas, adjunto a la barriada de Luyanó y próximo a la Loma del Burro.

Este último no resultaba apartado de una zona relativamente céntrica de la barriada, donde residían trabajadores, personas de clase media y en la que existía una infraestructura básica de instituciones comerciales, educacionales, de salud y religiosas. De hecho, la entrada principal al barrio era el final de la calle Nuestra

Señora de Regla, esquina a Quiroga, a pocos pasos del hospital Hijas de Galicia, el convento de las Religiosas Esclavas del Sagrado Corazón y el templo dedicado a Nuestra Señora de la Guardia.

En 1936 el periodista Francisco Bedriñaga visitó el barrio y se entrevistó con el alcalde Manuel Farra, con lo que este y otros le refirieron, más lo que observó directamente, publicó en el diario *Avance* el impactante reportaje «Las Yaguas, el barrio de los desheredados». Como sintetiza la investigadora María Victoria Zardoya:

> Farra le informó que tenían aproximadamente 500 casas, con unos 8 mil vecinos, cubanos, españoles, polacos, jamaiquinos, un chino y que vivió un americano, ya fallecido. Como datos más precisos aportó que una casa de unos 20 metros cuadrados, se podía comprar a un costo de entre cuatro y cinco pesos, que contaban con un «barrio comercial» con cinco bodegas, y como gran logro, que el departamento de Sanidad pasaba a limpiar las calles a diario. Con triste ironía Bedriñaga comentó que había sectores aristocráticos dentro de esos barrios, donde las casas solo eran de yagua y tabla y que, si no tenían servicios sanitarios, la zanja les quedaba cerca.[66]

En 1947, durante el gobierno constitucional de Ramón Grau San Martín se anunció que ese barrio insalubre desaparecería, gracias a la construcción del Barrio Obrero de Luyanó que fue inaugurado al año siguiente, último del período presidencial. Sin embargo, muy pocos pudieron beneficiarse con las nuevas viviendas, en tanto, para la mayoría de las familias, el pago de una renta mensual de 23 pesos, resultaba sencillamente inalcanzable.

---

[66] Francisco Bedriñaga: «Las Yaguas, el barrio de los desheredados». *Avance*. 1936; Año II (52):5. Citado por M.V.Zardoya: «Entre crónicas y críticas. Los barrios de indigentes de La Habana vistos por la prensa», s/p.

Con cierta cautela, la Dra. Zardoya refiere en su artículo: «En algunos de estos barrios se habilitaron escuelas por iniciativas de universitarios e instituciones caritativas locales, donde además se daban misas los domingos».[67] Es una manera de aludir al trabajo que ya venía desempeñando en aquel lugar la ACU desde mediados de la década del 30, a instancias del arzobispo habanero Monseñor Ruiz.

Lo primero que llama la atención del apostolado que la ACU ejerció en aquel barrio es lo moderno de su proyección y métodos. Debe recordarse que lo habitual hasta el siglo XIX era que los benefactores enviaran sus limosnas a través de una persona encargada de ello a los pobres, pero raramente tenían contacto personal con los socorridos.

Fue el beato Federico Ozanam, al fundar la Sociedad de San Vicente de Paúl, el primero en reclamar que sus miembros debían acercarse personalmente a los menos favorecidos, para romper las distancias sociales y mostrar una actitud verdaderamente caritativa con el necesitado. En España esta organización se constituyó formalmente en 1850 y en Cuba solo ocho años después, por iniciativa del padre jesuita castellano Narciso Doyagüe SJ (Palencia, 1800 – Cádiz, 1864), con el apoyo de los laicos Antonio Rosales y Narciso José de Peñalver y Peñalver, II Conde de Peñalver. Los grupos que la formaban, llamados «conferencias» tuvieron una labor importante en La Habana y otros sitios de Cuba por exactamente cien años.

Establecieron en la capital un servicio médico y una botica para los necesitados en 1932. Llegaron a fundar una escuela propia y entre 1956-58 desarrollaron la campaña «Un techo para el pobre», destinada a recaudar recursos para edificar casas económicas para familias que vivían en condiciones precarias.[68]

---

[67] M.V. Zardoya: «Entre crónicas…», s/p.

[68] Cf. Manuel Fernández: *Presencia en Cuba del catolicismo*, pp.20-21.

Ya en el siglo XX, otras congregaciones religiosas y organizaciones laicales de Cuba acostumbraban a visitar barrios marginales o desfavorecidos, lo habitual era realizar misiones en ellos, con predicaciones y celebraciones de bautismos y bodas colectivas. Con el tiempo, en ciertos casos, se favorecía allí la creación de algún dispensario y una escuela para niños de la zona. Pero la ACU fue mucho más allá.

Según Miguel Figueroa, primer historiador de la ACU, la labor en Las Yaguas vino de una propuesta del arzobispo Manuel Ruiz al P. Rey y que este la expuso en una reunión del Círculo Ascético, considerado como la élite de los agrupados, para que estos se hicieran cargo de impulsarla. Allí gozó de «una favorable acogida». Así quedaban concertadas las voluntades del prelado, el fundador y las de varios miembros de la Agrupación que se comprometieron de inmediato con la labor.

Casi inmediatamente se comenzó a desarrollar un proyecto investigativo, a partir de visitas de agrupados al lugar, con el propósito de conocer bien y caracterizar al barrio y sus principales problemas.

En el Catálogo de la Agrupación de 1937 hay un informe extenso y bien fundamentado de las características de Las Yaguas y las condiciones de vida de sus habitantes. A diferencia de los periodistas citados por la Dra. Zardoya, no se limitaban a referir anécdotas, ni a acumular adjetivos para calificar aquel sitio, sino que desarrollaron una labor sociológica en la que aplicaron guías de observación, entrevistas y registros estadísticos, cuyos resultados son elocuentes por sí mismos y ayudan a orientar el trabajo. Esto demuestra que se supo desde el inicio aprovechar el capital intelectual de la Agrupación y hacer trabajar en conjunto a profesionales preparados en Ciencias Sociales, Medicina, Economía y otras especialidades.

De hecho, el informe a que nos referimos constituye el antecedente de la labor investigativa desarrollada más adelante, en los años 50, por el Instituto Católico de Estudios Cubanos, complemento del Círculo Social, dirigido por el padre Salvador Cistierna, OFM Cap, y del Buró de Información y Propaganda de la ACU. En aquel barrio a la orilla de Lawton se entrenaron en la metodología de la investigación social figuras después relevantes en ese campo como el Dr. José Ignacio Lasaga y Travieso.

Según este informe, en el censo realizado se determinó que en el barrio residían más de 2000 personas, buena parte de ellas «de color» aunque también «hay un buen número de blancos cubanos y españoles y algún que otro sirio».[69] El número de casas estaba calculado en unas 500 y estaban construidas con yaguas de palma —de las que se empleaban para formar los «tercios» de hojas de tabaco— que eran regaladas en un almacén cercano, así como maderas usadas y latas inservibles rescatadas de un vertedero.

El lugar quedaba dividido al medio por una zanja, donde vertía sus aguas el arroyo Pastrana y que era el único desagüe de aquel sitio. Las casas de uno y otro lado habían sido bautizadas con los nombres de «Habana» y «Matanzas» y apuntan que «los habitantes de este último lugar son gente más cuidadosa y seria, y miran con cierto orgullo a los «habaneros». Destacan también que existe un trazado de calles bastante regular, lo que permite al «alcalde» autorizar los espacios donde construir y que estas vías favorecen el tránsito interno. Los nombres de estas habían variado según las circunstancias políticas y si al principio llevaban los nombres de figuras públicas del gobierno de Machado, una vez derrocado este, fueron rebautizadas con otros de destacados opositores como [Ramiro] Valdés Daussá y [Félix] Alpízar, y la Avenida [Hermanos] Freyre de Andrade.

Destacaron que en todo el barrio había apenas tres pilas (grifos) de agua, por lo que calculaban que de cada una debían servirse unas 700 personas. «El interior de las casas es sencillamente desolador: algunos muebles viejos, unos cuantos cajones, alguna

---

[69] ACU: «Informe de los trabajos realizados en el Reparto Las Yaguas». *Catálogo de la Agrupación Católica Universitaria*. La Habana, 1937, s/p.

que otra mesa, y a lo más una o dos camas (catres remendados o bastidores inservibles)».[70]

Así mismo se interesaron por la génesis de aquel lugar. Al parecer el barrio surgió cuando el político José Izquierdo —que estaba a cargo del Distrito Central— autorizó a un grupo de indigentes a fabricar sus casas con yaguas en terrenos pertenecientes a «Bouza» [Antonio Bouso][71], que antes habían sido propiedad del periodista y caricaturista Ricardo de la Torriente (1869-1934) y de «un señor de apellido Guillén» que había sido concejal del Ayuntamiento.

También se refieren a quienes los antecedieron en el trabajo social en el barrio: miembros del Partido Comunista tomaron la iniciativa, poco tiempo antes, a partir de una exhortación proveniente del diario *La Palabra,* dirigido por Juan Marinello. Este reunió a un grupo de profesores para que fueran a dar clases a Las Yaguas, entre ellos la Dra. Rosa Pastora Leclere y Andrea Tudela. Las lecciones se impartían al aire libre, bajo unos árboles de la antigua quinta La Purísima, pero se interrumpieron a «causa de la huelga general revolucionaria de marzo».

Esto resulta verosímil, pues la profesora Leclere estuvo entre las dirigentes del Sindicato Nacional de Trabajadores de la Enseñanza

---

[70] Ibidem.

[71] Según hemos investigado, Antonio Bouso, natural de Riotorto, Galicia, establecido en La Habana, comerciante, fue uno de los fundadores de la Sociedad Emigrados de Riotorto y presidente de esta entre 1934 y 1936. Fue ejecutivo del Centro Gallego y presidió la Sociedad Hijas de Galicia por dos períodos (1942-1944 y 1946-1949). Esta última sociedad construyó en Luyanó el Hospital Concepción Arenal en 1924, popularmente conocido como Hijas de Galicia. Quizá la vecindad de esta institución a los terrenos de Bouso en Las Yaguas no sea casual sino debido a que la clínica se ubicara en una parte de las tierras pertenecientes a este. La zona fue conocida como Nueva Galicia, no solo por la proximidad de la quinta de salud La Benéfica, del Centro Gallego, sino porque estaban asentados en ella numerosos inmigrantes gallegos de bajos recursos. Probablemente eran la mayoría de los «blancos españoles» asentados en Las Yaguas.

y participó a partir del 1 de marzo de 1935 en la ocupación de la Escuela Normal de La Habana, de donde fue desalojada con otros huelguistas el siguiente día 7 y poco después debió emigrar a México, donde residió entre 1936 y 1937. La persecución de los comunistas por el ejército, dirigido por Batista, especialmente entre septiembre de 1933 y 1936, hizo imposible que éstos pudieran sostener ningún proyecto de manera abierta.

No puede ser más viva y dramática la descripción de la miseria de los habitantes del barrio. Lo describen como «una ciudad en pequeño, cuya unidad monetaria es el centavo», signo de la pobreza generalizada. Y señala los ardides que emplean para sobrevivir: algunos de ellos adquieren a precios ínfimos en el mercado —probablemente el Mercado Único de Cuatro Caminos— las patatas ya medio estropeadas y las cortan para dejar los pedazos utilizables que pueden vender a otros necesitados; otros expenden carne traída de las carnicerías, no en muy buen estado, frutos y vegetales en situación semejante, fósforos, botellas. Es usual enviar a los niños del barrio a buscar sobras en casas de la zona, como único modo de completar sus comidas.

Es llamativo cómo en ese pequeño mundo se calcan las diferencias sociales existentes en la ciudad y el resto del país. Una familia se permite el lujo de tener una «criada», se trata de una señora que hace labores domésticas sin cobrar dinero, con tal de que le permitan dormir bajo ese techo y participar en la comidas.

Los autores del texto citan ejemplos de personas que han prestado algún socorro en la zona, aunque esto habitualmente esté vinculado a intereses políticos, especialmente cuando están próximas las elecciones, es el caso del médico que visitó algunos pacientes de allí, en nombre del CND (Conjunto Nacional Democrático)[72] o la

---

[72] Partido político cubano, fundado en 1935, provenía del tradicional Partido Conservador, presidido por Mario García Menocal.

señora de AR (Acción Republicana)[73] que ayudó a algunas familias en la tramitación de inscripciones de nacimiento y otros documentos legales.

No olvidan el asunto del político que prometió llevarles raciones de una cena de Navidad a las familias que les entregaran sus cédulas electorales, pero, como la mayoría de los vecinos vivían en situación irregular carecía de ellas se les privó de ese estímulo.

En materia de religión, no es extraño que los autores, formados en familias y colegios católicos, muestren su asombro por las creencias sincréticas de los residentes: altares en las casas donde se mezclan prácticas del cristianismo popular, la santería y el espiritismo. Conviven las estampas de santos con fotos de familiares muertos. Se colocan vasos de agua para aplacar la sed de los espíritus y se celebran fiestas, como la habitual en la víspera del 17 de diciembre, en honor de San Lázaro, donde los asombrados visitantes vieron cómo los asistentes, frente a un altar cargado de dulces y otras ofrendas, se mueven rítmicamente acompañados por un toque de tambor hasta que a una mujer «le dio el santo» con estremecimientos y convulsiones, por lo que hubo que trasladarla al cuarto contiguo y «no empezó a hacer profecías hasta que se alejó el maestro». Todo esto, hoy tan conocido y difundido, era entonces desconocido en el ámbito de la parroquia de Reina o en el Colegio de Belén.

Reconocen los noveles investigadores que algunas personas mayores tienen algún rudimento de la enseñanza cristiana porque asistieron al catecismo para adultos que sostienen las Religiosas Esclavas, vecinas del barrio y en otros casos se trata de individuos que habían recibido alguna instrucción religiosa en los lugares donde antes residían.

---

[73] Partido político que para las elecciones de 1936 formó parte de la Coalición Tripartita y llevó a la presidencia al candidato Miguel Mariano Gómez.

Aunque la labor pastoral es muy incipiente, se destaca ya el trabajo educativo. Figueroa, en su historia de la Agrupación nos recuerda que la construcción de la escuela fue una obra temprana:

> Poco a poco se fueron reuniendo fondos para construir un aula, y el 18 de octubre de 1936 se inauguró la Capilla-Escuela bajo el patronazgo de la Santísima Virgen de la Caridad del Cobre. Era este edificio en su estructura y materiales igual a las demás casas del barrio, sólo que más grande, con un espacio cerrado alrededor suyo como para poder construir cinco aulas más con sus correspondientes terrenos para juegos o siembras, y fue levantado por José Ignacio Lasaga y los obreros de la finca de su padre.[74]

En el Informe aseguran que cuentan con 21 profesores, entre agrupados y muchachas colaboradoras. Ellos se distribuyen en tres sesiones de trabajo: las mañanas dedicadas a los niños entre 8 y 9 años, las tardes niños y niñas entre 10 y 14, pero separados por sexos en días diferentes, a razón de tres frecuencias semanales para cada grupo. Las noches estaban dedicadas a los niños que trabajaban de día y a los adultos, hombres y mujeres. Aseguran que la asistencia promedio diaria es de unas 200 personas, en realidad la matrícula es mucho mayor, pero la necesidad del alumnado de «buscar qué comer» les impide asistir con más constancia.

Entre las materias impartidas están Cuentas (Aritmética), Escritura, Lectura, Inglés para los adultos y Costura para las niñas, mientras los varones reciben las clases de instrucción. Se refieren también a las clases de Catecismo, ofrecidas al aire libre, fuera del local empleado como escuela, por profesores supervisados particularmente por el P. Rey.

Otra labor apostólica de interés era la visita a los enfermos. Esta quedaba a cargo de médicos y estudiantes pertenecientes al Círculo

---

[74] Figueroa: *Historia*...p.91.

Médico de la Agrupación, quienes no solo debían atender a la salud física de los pacientes, sino preocuparse por la espiritual y facilitar con su testimonio que las personas aceptaran acercarse a los sacramentos.

Todo esto era supervisado también por el P. Rey de Castro y aunque la recepción sacramental debía depender de la parroquia a la que pertenecía el barrio, la del Buen Pastor de Jesús del Monte, el jesuita —con el visto bueno del párroco P. José Rodríguez Pérez— visitaba a los enfermos, los confortaba y aconsejaba y les administraba la unción de los enfermos si era requerido para ello.

Si el reparto de ropas a domicilio estaba entre los modos habituales de socorro a los necesitados de ese y todos los tiempos en Cuba, hubo iniciativas realmente audaces, como la que fue confiada a un amigo y colaborador de la Agrupación desde su cuna, el P. Maturino de Castro SJ[75], quien trasladó al barrio un equipo de proyección cinematográfica, con lo que la mayoría de los residentes asistieron por primera vez a una función del Séptimo Arte.

Así mismo, los misioneros compartieron la Navidad con aquellas personas. En la mañana del 24 de diciembre se repartieron algunas tarjetas, conseguidas por el Superior de la comunidad de Reina, para el reparto de ayudas en el Ayuntamiento. En la tarde, en el local de la escuela, celebraron una fiesta en torno al Nacimiento y el árbol navideño. Uno de los profesores explicó a los

---

[75] P. Maturino de Castro SJ. Miembro de la Compañía de Jesús en La Habana. Formó parte de la comunidad del Colegio de Belén. Profesor de Física. Se le considera el iniciador de la Escuela Electromecánica de Belén, que llevó su nombre y propició también el surgimiento de la Escuela Nocturna Obrera. Simpatizó con la ACU desde sus inicios y apoyó a Juan Antonio Rubio Padilla para convocar e impartir los Ejercicios al primer núcleo de agrupados, antes del regreso del P. Rey en 1931 y continuó colaborando con este en varios empeños de la congregación.

niños, con palabras accesibles a ellos, la historia evangélica del «indigente de Belén».

No olvidaron mostrar su gratitud con Doña Manuela, la fiel colaboradora del barrio y le ofrecieron el 30 de diciembre, con motivo de su cumpleaños, «una serenata con música criolla». Gracias al libro *Manuela la mexicana* de Aida García Alonso[76] que vio la luz tres décadas después del informe que comentamos, donde la investigadora recoge el testimonio directo de aquélla, sabemos había nacido en México, de ahí que, aunque se llamaba Manuela Ascanio se le conocía como Manuela «la mexicana» y que arribó a Cuba en 1914, junto a un gran número de paisanos que buscaban una mejoría a su situación económica agravada por las convulsiones revolucionarias en aquella nación.[77]

Trabajó como criada en varias casas, aunque a veces debió sobrevivir gracias a la prostitución, hasta que se encontró con la norteamericana Mrs. Jeannette Ryder (Wisconsin, 1866 – La Habana, 1931)[78] quien había fundado en 1906 la Sociedad protectora de

---

[76] Aida García Alonso: *Manuela la mexicana*. Mención Ensayo, 1968. Editorial Casa de las Américas, La Habana, 1968. El libro de García Alonso la hizo conocida más allá de las fronteras cubanas y se ha convertido en paradigmática para algunas feministas.

[77] Cf. Luis Ángel Argüelles Espinosa: «Los refugiados mexicanos en Cuba», p.121-122.

[78] J. Ryder desembarcó en La Habana en 1899 y allí se estableció hasta su muerte. Se empeñó en proteger a los niños callejeros, alimentar a gatos y perros que deambulaban por la vía pública, así como se enfrentó a cualquier forma del maltrato de animales. Se opuso públicamente a la celebración de corridas de toros. Según el investigador Jorge Domingo: "creó un dispensario gratuito para atender a los menores, estableció un sistema de repartición de pan y leche a los mendigos, combatió el proyecto de establecer en Cuba las corridas de toros, distribuyó desayuno gratuito a las mujeres detenidas en las estaciones de policía y abogó por la supresión de las academias de baile, que en realidad constituían centros velados de prostitución. En todas estas campañas del Bando de Piedad también tomó parte activa el doctor Clifford Ryder, esposo de la fundadora e igualmente ciudadano norteamericano". Falleció en La Habana el

niños, animales y plantas, más conocida como el Bando de Piedad. Los empeños de esta benefactora influyeron de manera poderosa en ella.

Tras el deceso de su protectora, debió establecerse en Las Yaguas en 1931 y allí se convirtió en una líder natural que procuró, con los medios a su alcance, aliviar la miseria y sordidez del barrio. Unas veces colaboró y otras se enfrentó a ciertos representantes de la ley y políticos de la zona, donde ganó una celebridad legendaria por su carácter franco, extrovertido y audaz.

Ella compartía los pocos centavos de que disponía con los niños más necesitados del vecindario, además de alimentar a numerosos perros y gatos de la zona. Aseguran que una familia acomodada de La Habana donde ella había servido como criada la llamó de nuevo a su lado y ella no aceptó alejarse del barrio, para no abandonar su labor en la escuela. De hecho se mantuvo allí aun después de que, tras la revolución de 1959, las autoridades quisieran reubicarla junto con otros vecinos del barrio.

Es probable, que, sobre todo al principio, esta figura resultara chocante para los patrones morales y de urbanidad de los agrupados que en su mayoría provenían de familias refinadas, pero muy pronto descubrieron que su presencia resultaba providencial e insustituible allí. A través de un testimonio del agrupado Pablo López sabemos del apoyo que esta brindó a quien se haría cargo durante más de dos décadas de coordinar el proyecto de la ACU en Las Yaguas, el Dr. Álvaro Ledón:

> Bueno, yo conocí a Alvarito Ledón, que Alvarito Ledón fue, en realidad, la mano derecha de él [Rey de Castro] para «Las Yaguas»; Alvarito Ledón con, creo que se llamaba «Manuela de las Campesinas», que era una... pero Alvarito, siendo subsecretario —no sé si de Agricultura o de qué cosa era Alvarito, o si era vice-ministro— estaba a cargo

---

11 de abril de 1931. Cf. Jorge Domingo: "En el centenario del Bando de Piedad". *Palabra Nueva*, noviembre, 2006, s/p.

de «Las Yaguas». Y hacía un trabajo extraordinario, porque había un dispensario, había clases y una serie de servicios sociales, había apostolados...[79]

Entre los proyectos que se enuncian al final del documento de la ACU está la construcción de un local para atender a las necesidades de vecinos de otros barrios semejantes como «Isla de Pinos» y «La Cueva del humo». Así mismo se proponen la edificación de dos pequeños dispensarios para que el personal médico pueda atender a los enfermos y acoger a aquellos en estado más delicado. También valoraban la posibilidad de reunir recursos para comprar maquinaria y materiales que permitieran montar en Las Yaguas pequeñas industrias: de alpargatas, escobas y otros renglones, que dieran ocupación a los muchos desempleados del lugar.

No puede pedirse más a un proyecto pastoral que no tenía más de dos años de iniciado.

En cuanto al P. Rey, ese tipo de apostolado, de que no hay noticias de que tuviera experiencia previa, amplió sus horizontes y lo ayudó a comprender el alcance de la Agrupación en una labor directamente transformadora en la sociedad. Hay constancia de que supo responsabilizar a diversos agrupados con la conducción de las distintas acciones desarrolladas en el barrio, pero él se encargó de supervisarlas de manera esencial y aunque él tuviera un encargo particular, la pastoral sacramental en esa área, se ocupó directamente de la labor catequética, el funcionamiento de la escuela, la asignación de los recursos y de preservar el fundamento espiritual de aquel empeño para que no derivara en el simple activismo o se convirtiera en juguete de intereses políticos.

En esto, como en otras labores, demostró su carisma para el liderazgo, su capacidad como formador, su sistematicidad y constancia para perseverar en el trabajo más allá de cualquier dificultad y su habilidad para compartir responsabilidades con otros grupos y

---

[79] *Testimonio oral* #1, p.16.

personas de buena voluntad, así, aunque la labor de Las Yaguas era obligación sostenida de la Agrupación, resultó bienvenido el apoyo de las Hijas de María Auxiliadora, las Religiosas Esclavas, las Damas Catequistas, la Corte de María Reparadora, así como el de laicos y laicas que destinaron tiempo y recursos para anunciar allí el evangelio, no solo con la palabra y el servicio asistencial, sino con la promoción humana.

Si era laudable repartir ropas y alimentos o atender a los enfermos, educar de manera cristiana era el primer paso para devolver la dignidad de hijos de Dios a aquellas personas degradadas por la miseria y la ignorancia.

Como sucede con la labor de los grandes fundadores, el trabajo en Las Yaguas arraigó lo suficiente para extenderse no solo hasta el fin de los días del padre Felipe, sino que continuó dando muchos frutos después de su tránsito a la vida eterna. Precisamente en su honor, el 8 de febrero de 1954 se inauguró el Colegio-Dispensario Padre Rey de Castro, un edificio «de tres alas construido alrededor de un patio, donde están cómodamente instaladas todas las actividades que la Agrupación desarrolla en el barrio».[80] El trabajo sistemático había permitido la creación de Círculos de Estudios Obreros, una Hermandad de Trabajadores, la Juventud Obrera Mariana, así como el funcionamiento de congregaciones marianas femeninas y masculinas formadas por los vecinos.

Esta labor solo vino a detenerse con los cambios políticos ocurridos a partir de 1959. La nueva propaganda prefirió ignorar la historia y asegurar que antes de los nuevos planes allí no hubo nada que tuviera valor y la propia ACU fue satanizada por su enfrentamiento al giro marxista del gobierno y debió abandonar primero sus labores públicas y luego su propia sede y el país. Pero ninguna obra buena se pierde para Dios y este apostolado social tiene ya un lugar digno en la historia de la Iglesia en Cuba.

---

[80] Figueroa: Historia…p.93.

Obra social de la ACU en Las Yaguas
Fotos: Suplemento Diario de la Marina de 1957

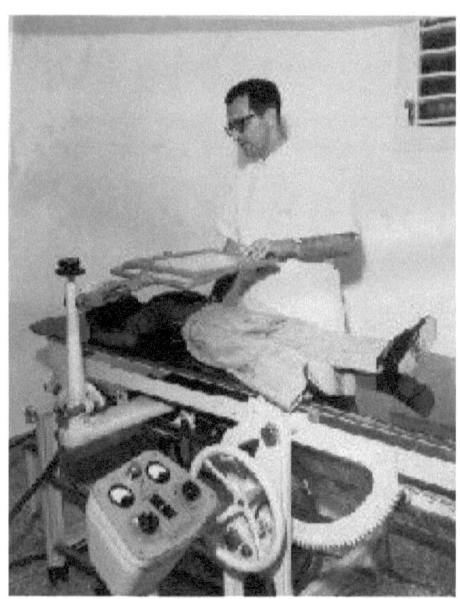

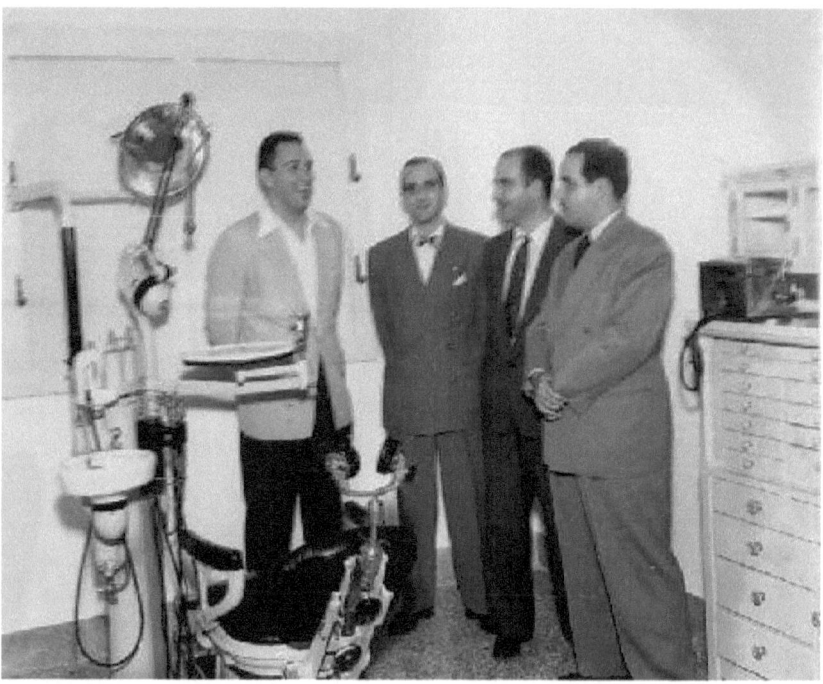

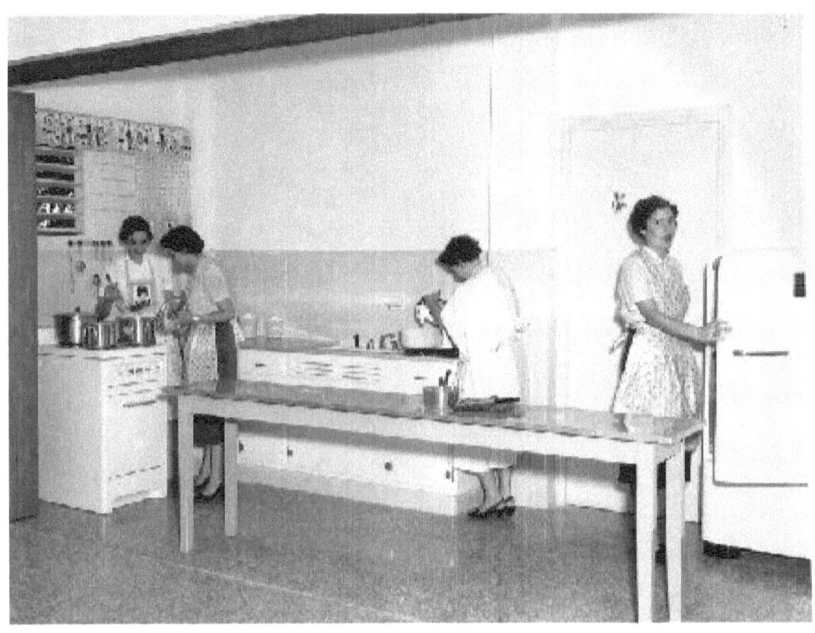

X
La conquista de la Universidad

Nos hemos referido ya, en páginas anteriores, al sueño del P. Rey que él mismo describía como «la conquista de la universidad». Sus ansias a favor de la «educación de los selectos» le hacían concebir como plausible la posibilidad de que la Universidad, la única existente en el país, con una marcada actitud laicista y agitada por frecuentes enfrentamientos políticos e ideológicos en su seno, fuera recibiendo la creciente influencia de la Agrupación, en primer término por la relevancia de estos en las diferentes carreras que allí estudiaban, pero sobre todo, porque lograran ocupar un apreciable número de cátedras en la institución, hasta el punto de cambiar desde adentro la orientación del plantel.

Paralelamente los miembros de la recién fundada Agrupación procuraban influir en el caótico ambiente de la institución docente tras su reapertura. Como afirma un testigo de la época, el jurista católico Leonel de la Cuesta:

> Dada la participación de profesores y alumnos en la lucha contra la dictadura de Machado este cerró la Universidad entre 1930 y 1933. El gobierno provisional del Dr. Ramón Grau San Martín le concedió la autonomía el 6 de octubre de 1933, lo cual no obstó para que volviera a ser clausurada entre 1935 y 1937. A partir de su segunda reapertura y especialmente en los gobiernos de Grau y Prío la autonomía universitaria propició indirectamente el surgimiento y desarrollo de grupos políticos basados en la violencia, los cuales finalmente se convirtieron en grupos gansteriles. A esta situación se opusieron estudiantes del Partido Ortodoxo y

de agrupaciones católicas que organizaron el Movimiento Pro Dignidad Estudiantil con relativo éxito.[81]

El autor completa la pintura de ese panorama en otro artículo:

> Surgen pandillas en todo el país, especialmente en la capital y específicamente en la Universidad. Entre los muchos grupos voy a destacar varios en la universidad habanera: UIR (Unión Insurreccional Universitaria), liderada por Emilio Tro; el MSR (Movimiento Social Revolucionario), comandada por Rolando Masferrer y la ARG (Acción Revolucionaria Guiteras). Entre los cultores de la violencia también estaban los comunistas que mantenían una inteligente política de penetración constante y eficaz, no a base de cantidad (los comunistas siempre han sido minoría) si no de disciplina y persistencia. Se identificaban bajo los nombres de AIE (Ala Izquierda Estudiantil) y ORCA (Organización Revolucionaria Cubana Antiimperialista), entre otros. En general se trataba de jóvenes violentos que por cualquier cosa acudían a las pistolas.[82]

En primer término los agrupados matriculados en la colina universitaria habanera procuraron resistir a este ambiente de forma cívica. Organizaron el movimiento «Pro Dignidad Estudiantil» que a través de diversas formas de propaganda procuraba combatir el caos y la violencia en la institución, así como las ideologías que podían alimentar a aquellos grupos: anarquismo, comunismo y defendía públicamente la ética cristiana.

---

[81] Leonel de la Cuesta: "Evocación de Villanueva". *Otro Lunes,* Revista hispanoamericana de cultura. Consultado en http://otrolunes.com/archivos/16-20/?sumario/este-lunes/evocacion-de-villanueva.html, el 21 de noviembre de 2022.

[82] Leonel de la Cuesta: "Yo Fidel, a los 65 años". *Otro Lunes*, Revista hispanoamericana de cultura. Consultado en http://otrolunes.com/archivos/16-20/?hemeroteca/numero-18/sumario/este-lunes/yo-fidel-a-los-65-anos.html, el 21 de noviembre de 2022.

Inmediatamente recibieron el rechazo de sus adversarios en el centro y hasta de cierta prensa «de izquierdas» que los tildó de reaccionarios, divisionistas, falangistas y hasta fascistas. A pesar de este rechazo, ganaron cierta fuerza en la opinión y se pronunciaron contra la voluntad de tales grupos de apropiarse de la dirección de las organizaciones estudiantiles. Con este propósito el día de las elecciones, 10 de diciembre de 1946, participaron en el enfrentamiento físico violento entre facciones en el recinto universitario. De tal envergadura fue la confrontación que muchos estudiantes resultaron heridos, pero, retraídos los bandos, comenzó un período de normalidad académica. «Pro Dignidad Estudiantil» se disolvió, pero el «bonche estudiantil» estaba vencido.

A tenor de este ambiente, fueron muchos dentro de la Iglesia habanera los que saludaron el nacimiento de la Universidad Católica de Villanueva el 4 de octubre de 1946, una obra de los padres agustinos norteamericanos, en la que pronto sentarían cátedra varios agrupados. Parecía más atinado que los fieles de Cristo que pudieran se alejaran de la universidad oficial y encontraran un remanso pacífico en otra, iluminada por el magisterio eclesial y lejos de las turbulencias civiles, pero Felipe Rey de Castro no era uno de ellos.

No rechazaba a Villanueva, pero no creía que la fórmula general fuera dedicarse a fundar universidades católicas propias, decía que eran costosas y difíciles de manejar. De hecho, en esto, al parecer, estaba en desacuerdo con otros hermanos de su propia comunidad jesuita, que comenzaron desde temprano a pensar en las posibilidades de un centro de educación superior anexo a Belén, aunque solo lograría materializarse a través de la evolución de la Escuela Electromecánica, varios años después del deceso de Rey.

Los sueños del fundador se cumplirían de otro modo. En primer término por el crecimiento no solo numérico sino cualitativo de la ACU, que impuso el traslado a una sede propia, cercana a la Universidad, en la calle Mazón y San Miguel, el 1 de diciembre de 1933. Era un antiguo palacio construido por el Conde de Lersundi. Allí había espacio para las diversas funciones requeridas: capilla, oficinas, biblioteca, salón de actos. Este lugar, además de adecuado para la devoción, lo era para otra urgencia: el estudio.

Primer local de la ACU, una vez fuera de los salones de la Anunciata en la Iglesia de Reina, a una corta cuadra de la Universidad de La Habana.

En los años de inestabilidad de la Universidad la ACU se convirtió en su sustituta. Agrupados ya graduados o invitados comenzaron a impartir clases a sus compañeros, de acuerdo con la especialidad a la que se inclinaban. Se potenció la actividad de los diversos Círculos por especialidades, pero además surgieron iniciativas destinadas a favorecer la preparación de los estudiantes universitarios en una etapa en que la labor de algunos catedráticos dejaba mucho que desear en el plano pedagógico.

La iniciativa más relevante fue la Academia de Estudios Médicos, fundada alrededor de 1941 por los doctores Juan A. Simón Gutiérrez y Armando Ruiz Leiro. Ambos eran agrupados.[83] Inicialmente no era parte de la ACU, pero estaba inspirada en el espíritu de

---

[83] Juan Simón era del "pase" del 3 de enero de 1932 y Armando Ruiz Leiro del correspondiente al 8 de diciembre de 1934. De modo que ambos formaban parte del grupo que el P. Rey consideraba como «Primeros Agrupados».

esta. Era una institución privada de enseñanza, destinada a ampliar los conocimientos científicos de los alumnos y profundizar en las materias que estudiaban en Escuela de Medicina. Tras un comienzo precario fue fortaleciéndose y creció de tal modo que unos años después llegó a tener 565 alumnos. Tuvo que mudar de local más de una vez por la ampliación de su matrícula. En sus últimos años estaba establecida en la calle Basarrate, próxima a la Universidad y a la sede de la ACU.

En 1956 se llamaba Centro de Estudios Médicos y estaba dirigido por el Dr. Manuel Artime, pues su fundador, el Dr. Ruiz Leiro ocupaba desde 1953 una plaza en la Facultad de Medicina de la Universidad. Para esa época ya el alumnado, durante un solo curso había llegado a ser de 753 estudiantes y contaba con un laboratorio bien equipado para las prácticas de Histología. Su labor, por entonces, no se limitaba al repaso y ampliación de las materias de los estudios de grado, sino que se ofrecía cursos de postgrado para profesionales que desearan ampliar sus conocimientos en temas de alguna especialidad. Los resultados fueron pronto apreciables: los mejores expedientes de graduados de Medicina eran habitualmente de aquellos que habían pasado por las aulas de la Academia.

Algo semejante ocurriría con el nacimiento, en 1956 del Centro de Estudios Matemáticos, destinado a funciones semejantes, respecto a las carreras de Ingeniería, Arquitectura y Ciencias Comerciales. Tuvo una vida más corta que el Médico, pero llegó a ser la única institución en Cuba, aparte de la Universidad que podía enseñar las materias relacionadas con el Dibujo técnico en el nivel superior.

A estos podría añadirse, como ejemplo de madurez académica el Instituto Católico de Psiquiatría, fundado en agosto de 1952, a solo unos meses del deceso del P. Rey de Castro, aunque estuviera planeándose desde antes. Se proponía el desarrollo de la Psiquiatría dentro de las normas católicas y estaba dirigido por el joven profesional Dr. Carlos Martínez Arango, tenía como asesor a un jesuita de gran preparación intelectual el P. Fernando Azcárate Freyre de Andrade, por entonces rector del Noviciado del

Calvario. Realizaron diversas publicaciones de investigaciones científicas, participaron en congresos y ofrecieron un novedoso curso para Directores Espirituales en el Colegio de Belén, pues algunas congregaciones habían decidido aplicar evaluaciones psicológicas a los aspirantes a ingresar en ellas.

El sueño del P. Rey se cumplió en parte. El Alma Mater habanera continuó siendo un baluarte laico, pero en 1957 había ya 28 agrupados que habían accedido a cátedras tanto en el citado centro docente, en la más nueva Universidad de Oriente, en Santo Tomás de Villanueva, así como en algunas universidades extranjeras.

Entre ellos se destacaban el Dr. José Ignacio Lasaga, decano de Psicología de Villanueva; el Dr. Ruiz Leiro, profesor agregado de Farmacología de la Universidad de La Habana y el Ing. José Sust, profesor agregado a la cátedra de Comunicaciones de la Facultad de Ingeniería Civil del mismo centro docente. Algunos eran a la vez profesores en la Colina Universitaria y en Villanueva como es el caso del Dr. en Ciencias Físico Químicas y Físico Matemáticas, Marcelo Alonso. La influencia de estas figuras académicas, tanto en el plano universitario como el movimiento científico nacional resultó indiscutible.

A guisa de ejemplo, vale la pena citar el caso particular del Dr. Ruiz Leiro, a partir de un documento publicado por una revista dependiente del Ministerio de Salud Pública de Cuba, varios años después de que este galeno renunciara a su cátedra y saliera del país, en desacuerdo con la política del gobierno. De modo que el reconocimiento implícito en este fragmento resulta todavía más valioso. Se trata de los ejercicios de oposición para la plaza de agregado en la cátedra de Farmacología, celebrados en 1952:

> Al fallecer el doctor Taboada Boloña y ascender a profesor auxiliar el doctor Radillo García quedó vacante su plaza de profesor agregado. Sacada a concurso-oposición, era la tercera que se llevaba a cabo en la cátedra en los últimos 5 años, concurrieron los doctores Armando E. Ruiz

Leiro y Carlos E. Rojas Fernández. Formaron parte del tribunal, como presidente el doctor Oscar Jaime Elías; secretario el doctor Rafael Cowley Campodónico; vocales los doctores Antonio M. Valdés-Dapena Victorio, profesor titular de Terapéutica con aplicación a la Clínica, Guarino Radillo García y Carlos M. Taboada Millás. El doctor Rojas Fernández se retiró después del concurso. El doctor Ruiz Leiro obtuvo 3,05 puntos en el concurso y todos los miembros del tribunal le otorgaron la máxima calificación final 73,05. Es de destacar que en los 4 ejercicios de oposición obtuvo la más alta calificación posible 70,0 puntos. Por Decreto Rectoral de 28 de julio de 1952 fue nombrado profesor agregado en propiedad con derecho de ascenso y tomó posesión ese día. Con uno de los más brillantes expedientes de estudio de su curso, comprende 27 sobresalientes y 13 premios ordinarios, se graduó el profesor Ruiz Leiro de doctor en medicina en la Universidad de La Habana el 24 de septiembre de 1941. Fue alumno y médico interno por concurso y médico residente por oposición del Hospital Universitario «General Calixto García». De una arraigada vocación por la enseñanza de la medicina se convirtió en un magnífico profesor repasador por los años de la década de 1940 principalmente y su academia privada «Simón Ruiz Leiro», que fundó con el doctor Juan A. Simón Gutiérrez, en la que se repasaban de preferencia los programas de las asignaturas de Química Biológica, Histología Normal y Fisiología, llegó a ser de las más solicitadas por los alumnos de la Facultad de Medicina. En la Escuela de Verano de la Universidad de La Habana, en su sesión de 1946, desarrolló un curso sobre Química aplicada a la medicina que fue muy favorablemente comentado. Se distinguió como dirigente de la Asociación de Médicos Católicos de Cuba.[84]

---

[84] "Cátedra de Farmacología". Cuadernos de Historia… pp.7-8

Para lograr estos resultados, el P. Rey y la Agrupación tuvieron que vencer grandes dificultades. Cuando parecían bien instalados en el Palacio Lersundi, los propietarios, a fines de 1937, les reclamaron el local y debieron abandonarlo con cierta premura. Para colmo, en esos tiempos, que estaban lejos de ser de bonanza económica, los alquileres habían subido y los fondos de que disponían no permitían rentar una edificación igual o mejor que aquella, por lo que debieron conformarse con una casa mucho más pequeña, ubicada en la calle 25 # 305, entre L y M, para no alejarse del recinto universitario.

Como la edificación resultaba muy exigua para sus fines, fue preciso emplear locales prestados para los actos más concurridos. Mientras la Agrupación permaneció allí, no fue posible sacar los libros de sus embalajes para que la biblioteca pudiera prestar sus servicios. Sin embargo, esas mismas dificultades fueron las que animaron al fundador a procurar hacerse de una sede definitiva.

En el archivo de la Viceprovincia habanera de los jesuitas se conserva una nota manuscrita, dirigida por el P. Rey al Viceprovincial P. Ramón Calvo, en junio de 1938, apenas unos días después del nombramiento de éste. En ella destaca la necesidad que tiene para «la buena marcha de la obra que se me ha encomendado» de disponer de más tiempo para el estudio, con vistas a preparar los cursillos de Filosofía y Religión que imparte, así como los círculos de estudios sociales y jurídicos, tanto como los retiros mensuales y pláticas, así como las Juntas de la Agrupación «que adolecen de poca preparación». También necesita más tiempo para la dirección espiritual particular lo que implica cesar en los «ministerios con mujeres», pero todo esto está condicionado por la «necesidad perentoria de casa apta» y las dos últimas palabras están fuertemente subrayadas por el mismo remitente.[85]

---

[85] P. Felipe Rey de Castro: Nota al R.P. Viceprovincial, junio de 1938.

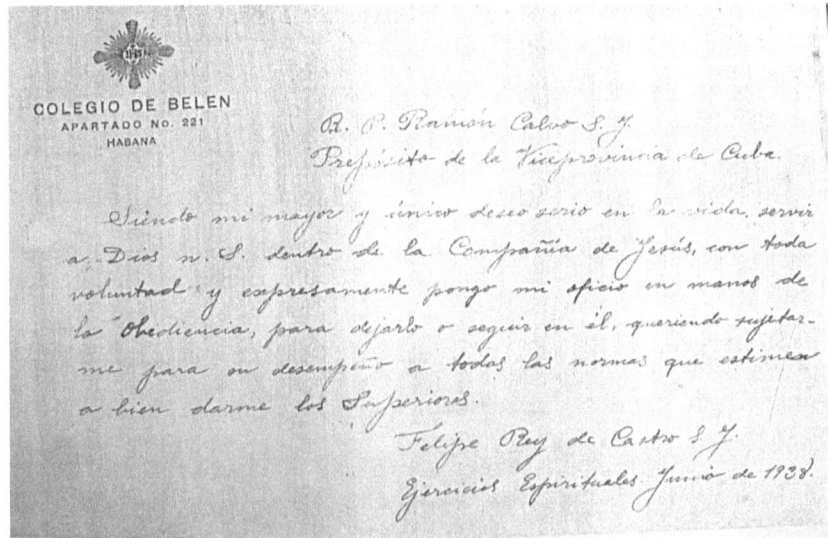

Sus primeras gestiones para conseguir recursos dieron fruto y ya en la misa del 11 de septiembre de 1938 pudo anunciar la compra de un solar en San Miguel y Mazón, ubicado en diagonal a la antigua sede, donde se elevaría un edificio digno de la congregación y concebido especialmente para sus fines.

En el ya citado archivo hay una copia mecanografiada de la memoria que acompaña el proyecto, redactada por el contratista Enrique Hernández Egea y fechada el 18 de noviembre de 1938. Allí describe la construcción como «un edificio de dos plantas con resistencia suficiente para soportar una tercera en un terreno que mide 13.50 m de frente por 36 m de fondo[86] y calcula el costo total de la obra en 12,800 pesos. Al pie del texto hay una nota en lápiz rojo que indica: «Leído a los consultores, 1ro Dcbre de 1938. El mismo día envío a Reina con planos y carta mía al P. Asistente»[87].

---

[86] Enrique Hernández Egea: Memoria del proyecto para la construcción de la sede de la ACU, p.1.

[87] Ibid, p.1.

Dicho proyecto estaba concebido al menos desde el año anterior, pues en el ya citado Catálogo de la ACU correspondiente a 1937 aparece la imagen de la fachada del edificio, con sus tres plantas, que en líneas generales parecen seguir los rasgos de un estilo Art Déco atenuado, sobre todo en el diseño de su puerta esquinera y las diez ventanas visibles. Se señala como arquitecto a René Gallardo.

Al parecer, no hubo obstáculo alguno con el proyecto, porque en el mismo archivo se conserva una nota, fechada el 24 de diciembre de ese mismo año, en la Casa General de la Compañía en Roma, dirigida al P. Viceprovincial Ramón Calvo por el P. Fernando Gutiérrez del Muro, donde le comunica:

> Fue aprobado de lleno el proyecto de construir casa propia para tan benemérita Agrupación; y también fueron aprobados sustancialmente los planos.
>
> [...]
>
> Digo que fueron aprobados «sustancialmente» los planos, porque el P. Basterra hizo algunas observaciones que habrán de tenerse en cuenta, y cuya copia le remito.[88]

Gracias a ese texto sabemos que la carta en la que el P. Calvo solicitaba el permiso del P. General había sido redactada en La Habana el día 2 de ese propio mes, es decir apenas 24 horas después de recibir el proyecto. Raras veces una gestión de este tipo es consultada y aprobada de forma tan expeditiva.

A la construcción se le imprimió una velocidad semejante. La primera piedra la bendijo Mons. Ruiz, arzobispo de La Habana, el 2 de febrero de 1939, auxiliado por dos sacerdotes pertenecientes a la Agrupación el P. Richard Chisholm, jesuita y el P. Eduardo Boza Masvidal, diocesano. Sabemos que la congregación debió mudarse allí, para librarse de la estrechez de la casa de la calle 25, el 8 de agosto siguiente, en los dos primeros pisos, que eran los

---

[88] P. Fernando Gutiérrez: *Carta al RP Ramón Calvo, Roma, 24 de diciembre de 1948*. Página única.

que estaban concluidos. El domingo 27 de ese mes pudo celebrarse la primera misa en la capilla, costeada por Segundo y Jorge Casteleiro, quienes se encargaron también de garantizar que estuvieran listos el despacho y la habitación que serviría de residencia al P. Rey. Paralelamente, la Sra. Rosalía Fernández Quevedo, viuda del abogado Cristóbal Bidegaray y Erviti, costeó el equipamiento de la biblioteca, a la que había donado previamente la colección de obras de Derecho de su difunto esposo. El edificio solo pudo inaugurarse oficialmente el 14 de diciembre de 1939, en un acto presidido por el Nuncio Mons. Giorgio Caruana.

La obra fundada por el P. Felipe parecía encontrar su sede definitiva. Ya poseían lo que él había soñado: una casa en la vecindad de la colina universitaria, con capilla, amplio salón de reuniones, una biblioteca que acabó de reorganizarse en 1940, aunque en el futuro se convertiría en tres diferentes —Ciencias, Letras y Medicina— que ocuparían el tercer piso del edificio, así como aulas para círculos de estudios y debates y espacios destinados a la recreación de los agrupados y llegaría a contar con una residencia para aquellos provenientes de otros puntos de la Isla, lo que facilitaría sus estudios superiores en un ambiente cristiano.

Primera casa propia de la ACU diagonalmente opuesta al primer local.

Allí viviría el padre Rey los años que le restaban de vida y entre esos muros entregaría su alma al Creador. Con esa obra, si bien la universidad no había sido «conquistada» para el catolicismo, había una fuerte referencia cristiana en ese edificio que era a la vez testimonio de piedad y centro cultural por el que pasaron, como agrupados o invitados muchos de los intelectuales más relevantes del país o procedentes del extranjero.

Circunstancias históricas hicieron que la ACU solo pudiera desarrollar su labor allí por algo más de veinte años. Pero estos fueron decisivos para su conformación, crecimiento y supervivencia y dejaron una huella que alguna vez será reconocida adecuadamente en la historia de la Iglesia católica cubana.

XI
Consagración y disponibilidad

Cuando comenzaba la investigación para este libro, encontré una nota dirigida por el P. Rey de Castro al Viceprovincial P. Calvo, en el mes de junio de 1938, mientras realizaba Ejercicios Espirituales. La misma es concisa y sorprendente:

> Siendo mi mayor y único deseo serio en la vida servir a Dios N.S. dentro de la Compañía de Jesús, con toda voluntad y expresamente pongo mi oficio en manos de la obediencia, para dejarlo o seguir en él, queriendo sujetarme para su desempeño a todas las normas que estimen a bien darme los Superiores.[89]

Desde el punto de vista puramente humano esta comunicación parece absurda e inexplicable. Por una parte resulta aparentemente contradictorio que el fundador de la ACU quien por esas fechas cosecha ya frutos apreciables, obtenidos en apenas siete años de trabajo continuo y que se desvela por allegar recursos para la anhelada sede propia, se atreva siquiera a sugerir la posibilidad del relevo de su labor apostólica por decisión superior.

Por otro lado, si se conoce ya, por su trayectoria vital, el talante del religioso gallego, es imposible inferir que, dadas las dificultades que encuentra para conseguir lo que necesita, intente crear una pequeña «crisis» que llame la atención del recién estrenado Viceprovincial sobre su persona y facilite su colaboración, o, de

---

[89] P. Felipe Rey de Castro: Nota al R.P. Ramón Calvo, Prepósito de la Viceprovincia de Cuba, junio de 1937.

lo contrario, se sienta responsable de los problemas que puedan venir sobre esa obra de la Compañía.

Si otros, religiosos o seglares, han usado y abusado de esos métodos de presión, tal cosa es impensable en una personalidad fuerte y estable como la del P. Rey, hecho a la disciplina y la obediencia desde su niñez. En este caso no hay que leer entre líneas para buscar intenciones torcidas. La nota ha sido escrita —y eso es decisivo para entenderla— al calor de unos Ejercicios Espirituales y como fruto bien madurado del retiro y la meditación, el religioso ofrece por escrito, una muestra de su disponibilidad absoluta en la milicia ignaciana.

A la Agrupación dedica y dedicará casi toda su vida, pero bastará una disposición de sus superiores para que la deje a un lado y se encargue de la labor que ellos decidan. Es la expresión más profunda de la obediencia, el «tercer grado» que reclamaba Ignacio de Loyola:

> [...] la obediencia es un holocausto en el cual el hombre todo entero, sin dividir nada de sí, en el fuego del amor de Dios se ofrece á su Criador y Señor, y una resignación perfecta de sí mismo, por la cual el hombre se desposee de sí todo, poniéndose en las manos de Dios por su ministro; digo que si es esto así, cierto que no se comprende en la disposición de los actos humanos sola la ejecución para efectuar, pero también la voluntad para contentarse, y el juicio para sentir lo que la santa obediencia ordena, en cuanto el juicio por vigor de la voluntad puede inclinarse.[90]

Lo que puede completarse con aquel pasaje de la carta del propio fundador de los jesuitas a los estudiantes del Colegio de Gandía, escrita en 1547:

---

[90] San Ignacio de Loyola: *Carta al P. Andrés de Oviedo, Rector del Colegio de Gandía* (1548). En: Cartas, tomo II, CL, p.125.

> También para saber presidir á otros y regirlos, es necesario primero salir buen maestro de obedecer; y como es utilísimo á la Compañía tener quien sepa regir, así es también tener forma cómo aprenda el obedecer.[91]

De modo que en aquel sencillo papel Rey de Castro, lejos de valerse de los ardides del disimulo y la manipulación de la voluntad superior, demuestra que no es un simple activista o un hombre de negocios, sino que tiene bien interiorizado el carisma ignaciano. Su voluntad es servir y ha encontrado un modo novedoso de apostolado pedagógico y social, pero solo puede realizarlo si esa es la voluntad de sus superiores, a la cual se somete porque es el reflejo de la voluntad divina. Esto implica un enorme sacrificio en un hombre resuelto y tenaz como él, pero también como gran predicador de Ejercicios remodela y actualiza su compromiso en la Compañía cuando es un practicante de ellos.

No debe pensarse que tratamos con una expresión de fervor aislado. Hay en el archivo ya referido una carta autógrafa suya, fechada el 19 de noviembre de 1947, en un momento donde la ACU es ya una obra madura e influyente, en la que él sigue siendo el núcleo y corazón de su funcionamiento. Era pues perfectamente comprensible que considerara haber ganado el derecho de regirla y dedicarle todo su tiempo hasta el fin de sus días. Vuelve a sorprendernos su disponibilidad cuando leemos:

> R.P. Viceprovincial
>
> Con la muerte del P. [José] Rivera, Pinar del Río se ha quedado sin un misionero SJ. Yo no tengo tanta luz del Cielo como para pedirle que sea yo su sustituto, pero sí la tengo para ofrecerme muy sinceramente; pensando que sería esa una manera muy consoladora de prepararme para la eternidad, en la última etapa de trabajo de mi vida.

---

[91] SI: *Carta a los estudiantes del Colegio de Gandía* (1547). En: Cartas, tomo II, CXII, p.11.

Si V.R. se determina a hacerlo, dígame una palabra y no necesita explicarme nada.

De V.R. affmo en Xto,

    Felipe Rey de Castro SJ

  San Estanislao, 13 de Noviembre de 1947.

¿Cómo es posible, nos preguntaríamos, que quien ha sido por años y tras grandes esfuerzos, confirmado para su misión y hasta dispensado de vivir en comunidad, para dedicar todo su tiempo a la obra de la Agrupación, ahora se anticipe a una decisión superior poco esperable, para aceptar de antemano su envío como simple misionero a Pinar del Río?

Una vez más debe alejarse del ánimo de quien esto lee que el presbítero, ya bien seguro en su fundación, busque como un cortesano lucir su humildad y disponibilidad, a sabiendas de que nadie podrá removerlo de sus tareas sin gran escándalo dentro y fuera de la Compañía. Sencillamente este sacerdote no se siente instalado en su cargo, piensa que ha encaminado lo suficiente la Agrupación como para que otro pueda sustituirlo cuando se decida, es más, él que se sabe conocido y publicitado en el ambiente intelectual católico, parece acariciar la idea de prepararse para la muerte en una tarea humilde y apartada de los grandes focos de atención.

El P. Rey con su humildad y obediencia tiene la madera de esos santos que después edificar la obra que Dios les ha inspirado, no procurar retener su mando ni gozar de su prestigio, sino que la ponen en manos de Cristo para disponerse a preparar su alma para el tránsito a la vida eterna.

A pesar del sincero ofrecimiento la Compañía de Jesús decidió otra cosa, como explica Mons. Antonio Rodríguez en su artículo «Monseñor Evelio Díaz Cía, el arzobispo mártir»:

> Pinar del Río era, por entonces [1942, cuando toma posesión Mons. Evelio Díaz como obispo], una diócesis en la cual el campesinado se mostraba bastante propenso a la

práctica religiosa. Muchos de ellos y de ellas iban habitualmente a la misa dominical en el templo del pueblo. Esta naturaleza religiosa y moral del campesinado pinareño había sido abonada desde tiempos de Mons. Manuel Ruiz por dos sacerdotes jesuitas: los padres Saturnino Ibarguren [Siervo de Dios] y José Rivera, este último fue recibido por Mons. Evelio y continuó trabajando en los campos pinareños hasta que sus fuerzas físicas se lo permitieron. La compañía de Jesús lo remplazó por el padre Clemente Lombotz [P. Clemente Lombó Urbina], quien permaneció trabajando en el territorio hasta que comenzaron las tensiones entre el Estado y la Iglesia en los años sesenta.[92]

Como en las páginas anteriores nos hemos referido varias veces al P. Ramón Calvo Hernández-Agero (Béjar, España, 1895 – Haina, Santo Domingo, 1983) es preciso destacar que la obra de la ACU debe mucho a la comprensión y apoyo de este notable jesuita que fue por dos períodos Viceprovincial de Cuba, primero desde el 17 de mayo de 1938 al 30 de abril de 1940, cuando pasó a ser Provincial de León, hasta diciembre de 1946.

Retornó a la Isla entonces y tuvo un segundo período desde el 12 de marzo de 1947 al 8 de septiembre de 1952. Si Felipe debió agradecer a las gestiones del primero de estos Viceprovinciales, el P. Enrique Carvajal, poder retornar a Cuba como reclamaban sus primeros discípulos, no es menos cierto que le resultó más difícil trabajar con el sucesor de este, el P. Camilo García, durante su mandato entre 1931 y 1933.

Ya hemos visto como el P. Calvo trató de forma extraordinaria las gestiones para que fuese autorizada la edificación de la sede de la Agrupación y concedió todas las dispensas necesarias para dejar libre al fundador en el desempeño de aquella iniciativa. La voluntad divina se vale muchas veces de seres humanos como ángeles

---

[92] Mons. Antonio Rodríguez: "Monseñor Evelio Díaz Cía, el arzobispo mártir". *Palabra Nueva*, 19 de septiembre de 2018.

o mensajeros suyos. Y la ACU deberá siempre agradecer a este religioso y maestro que fue, además, dos veces rector del Colegio de Belén, en la primera ocasión durante un período de consolidación y crecimiento (1938-1940) y la segunda en un momento amargo que concluye con la clausura del centro por las autoridades (23 de septiembre 1959 – 3 de mayo de 1961).

Tocó al P. Calvo el triste deber de ser uno de los oradores en el entierro del P. Rey. En su conmovido discurso expresó:

> Para el Padre Castro la religión y la patria, unidas, harían una obra grande. Seamos íntegros con nuestros deberes patrióticos y religiosos. Seamos católicos en la casa, en el matrimonio, en la profesión. Seamos verdaderos cristianos y así podremos semejarnos a este gran sacerdote que fue el Padre Rey de Castro.[93]

Después de la intervención del Colegio de Belén y a partir del 13 de mayo de 1961, este sacerdote debió pasar sus últimos días en Cuba en la Casa de Ejercicios Pío XII, de La Coronela. El 27 de junio del propio año salió junto al P. Jesús Nuevo rumbo a Miami, donde comenzaría de inmediato los trámites para la traslación del centenario colegio a esa ciudad. Tramitó personalmente la autorización en Roma. Nunca retornaría a Cuba. Falleció en Haina, Santo Domingo, el 15 de agosto de 1983. La ACU debe recordarlo entre sus benefactores.

---

[93] Citado por Juan Emilio Friguls: "Contribución del R. P. Rey de Castro al catolicismo cubano". *Diario de la Marina*, 14 de febrero de 1952, p.23.

XII
La política como servicio

A un formador tan agudo como Rey de Castro no podía resultarle inadvertido el hecho que en la medida en que su obra floreciera en Cuba iría llenándose de implicaciones políticas, lo que implicaría ganar ciertas simpatías, pero también reacciones adversas.

En modo alguno procuró formar hombres «apolíticos» y, de hecho, hizo esfuerzos sostenidos para formar su pensamiento con la Doctrina Social de la Iglesia, a través de sus propios cursos primero y luego con la colaboración del capuchino Salvador Cistierna y el jesuita Manuel Foyaca.

En sentido contrario, lo que procuró durante largos años fue evitar la implicación de sus muchachos en la labor política sistemática desde un partido por los riesgos morales que correrían al concertar ciertos compromisos, en el panorama cubano donde la corrupción y la violencia parecían omnipresentes.

Por otra parte, se resistía a la fundación de un «partido católico», muy probablemente porque su experiencia española le había convencido de que para sobrevivir este tenía que aliarse con políticos muy distantes del cristianismo y a la larga, la filiación religiosa era apenas un paraguas bajo el que cobijaban elementos muy diversos, muchos de los cuales podían desacreditar a la Iglesia.

La quinta década del siglo XX sería decisiva para madurar sus criterios sobre la labor política de sus agrupados en el espacio público. Justo en su arranque hay un suceso de importancia para la vida nacional: el desarrollo de una Asamblea Constituyente, en la cual participan tanto delegados provenientes de partidos tradicionales como otros salidos de las fuerzas revolucionarias que arrojaron a Machado del poder.

Tras la celebración de las elecciones para ocupar los escaños de la Asamblea Constituyente, celebradas el 15 de noviembre de 1939, se perfiló la pugna entre dos grandes alianzas: la *Mayoría oposicionista* —que incluía al PRC (Auténtico), así como al Demócrata Republicano, Acción Republicana y ABC— y la *Coalición Socialista Democrática* —término bajo el que se unían el Partido Liberal, Unión Nacionalista, Unión Revolucionaria Comunista, Conjunto Nacional de Democrático y Partido Nacional Revolucionario (Realista). Esta última exhibía la aparentemente insólita alianza del coronel Fulgencio Batista, ahora devenido civil y los comunistas que habían sido sus enemigos hasta hacía muy poco.

La publicación de los programas de tales agrupaciones preocupó tanto a la jerarquía como al laicado. Se temía, no sin fundamentos, que la redacción de la Carta Magna fuera la oportunidad para revitalizar las viejas tendencias al laicismo estrecho y el anticlericalismo. Pero el acento más grave provenía de la Unión Revolucionaria Comunista, ahora en posición prominente dentro de su coalición, que no ocultaba su voluntad de hostilizar y restringir la presencia religiosa en el plano público, muy especialmente en lo relativo a la enseñanza. Eso explica la promulgación el 6 de febrero de 1940 de una «Exposición del Episcopado Cubano a los señores delegados a la Asamblea Constituyente», donde fijaban su posición ante este asunto.

Los prelados se dirigen al cuerpo legislativo «representando nosotros al pueblo católico de la República, que constituye, indiscutiblemente, el factor más numeroso y más importante de la Nación, puesto que sustenta sus intereses espirituales, que son el tesoro más apreciable de una colectividad».[94] Abordan de inmediato la cuestión de la libertad de enseñanza: «el derecho por parte de los

---

[94] "Exposición del Episcopado Cubano a los señores delegados a la Asamblea Constituyente". *La Voz de la Iglesia*…p.26.

padres de proveer a la sana educación del hijo en todas las formas y por todos los medios que sean más adecuados según su leal saber y entender, al fin que se persigue, y sin más limitaciones que las que se refieren al bienestar y a la tranquilidad pública, dominio exclusivo del Estado».[95]

Completaban su exhortación con el reclamo de que se autorizara la enseñanza de la Religión en las escuelas públicas, que se anulara la Ley del Divorcio, se reconociera el matrimonio como indisoluble y que el matrimonio religioso tuviera fuerza legal en la República. Por último, pedían que la Carta Magna «tienda a realizar la armónica comprensión del Capital y del Trabajo». Sus argumentos no ocultan su rechazo y enfrentamiento a la ideología comunista:

> Estamos firmemente convencidos de que una gran parte de trabajadores que hoy militan en partidos extremistas, cuyo objeto es una perniciosa cuanto inhumana lucha de clases, lo hace porque se siente desamparada y los abandonaría, pasando de la lucha de clases a la cooperación de las mismas, si encontrara apoyo para sus legítimas aspiraciones y protección para sus derechos.[96]

También el laicado —ahora mucho más fuerte y organizado que a inicios del siglo— tuvo su papel durante el funcionamiento de la Constituyente. Como sus preocupaciones eran muy semejantes a las de los obispos, decidieron organizar una campaña de «Afirmación católica» que se desarrolló a través de mítines radiofónicos y actos públicos en todas las provincias del país. Fue convocada por los Caballeros de Colón, a los que en seguida se unieron los Caballeros Católicos, la Federación de la Juventud Católica y la Agrupación Católica Universitaria.

---

[95] Ibid, p.27.
[96] Ibid, p.30.

La conclusión de esta fue el mitin «Pro Patria y reafirmación católica», celebrado el 24 de febrero de 1940 en el Teatro Nacional. Tocó al agrupado Ángel Fernández Varela ser quien representara como orador a la Agrupación Católica Universitaria. Otros discursos estuvieron a cargo de Oscar Barceló (Congregación de la Anunciata), Margarita López (Damas Isabelinas), Julio Morales Gómez (Federación de la Juventud Católica), Luis Bello y Valentín Arenas (Caballeros Católicos) y Mario Pedroso (Agrupación Católica Obrera). Hubo dos oradores fuera de programa: el eminente pedagogo Alfredo Aguayo y José Ignacio Rivero Alonso, director del *Diario de la Marina*, muy cercano a la Agrupación y padre del agrupado José Ignacio Rivero Hernández.

Las palabras conclusivas fueron pronunciadas por el jurista Manuel Dorta Duque, delegado a la Constituyente, organizador de la campaña y graduado de Belén, dos de cuyos hijos, Juan Manuel y Francisco Manuel, ingresaron pocos años después en el noviciado de El Calvario. Este destacó en su discurso la libertad que hasta entonces la República había ofrecido a las instituciones católicas y la obra social y patriótica de estas.

Los mayores diarios del país destacaron la asistencia masiva al acto, que rebosó el teatro y abarrotó el Parque Central y las calles cercanas, así como los miles personas que lo escucharon en sus hogares gracias a la trasmisión radial.

El desarrollo de la Asamblea Constituyente, donde una vez más triunfó el reclamo de la invocación a Dios en su introducción, mostró el respeto a la enseñanza privada, incluida la religiosa y ciertas medidas de beneficio social para los trabajadores parecían buscar la armonía entre capital y trabajo. Las cuestiones relativas al divorcio y la legalidad del matrimonio religioso no fueron consideradas.

El asunto sería rematado por una circular dada a conocer el 20 de junio de ese año por el vicario capitular y futuro arzobispo y cardenal de La Habana, Manuel Arteaga Betancourt, destacó aquellos aspectos que le parecieron más relevantes en el texto constitucional:

> Nobles y animadas discusiones hubo en las que los constituyentistas en mayoría abrumadora proclamando la existencia de Dios, de quien toda potestad dimana, y en cuyo nombre principia nuestra Constitución, determinaron la libertad de cultos con el debido respeto a la moral cristiana; sustentaron la necesidad de mantener libre la enseñanza religiosa privada; prescribieron la extinción de los gravámenes perpetuos de la propiedad, respetando los derechos del sector de la población afectado por esa medida que realizarán posteriores leyes; y dejaron camino abierto a toda reforma que la experiencia haga necesario en el futuro.[97]

El resto del texto estaba dedicado a advertir sobre las elecciones presidenciales y legislativas que tendrían lugar el siguiente 14 de julio. Puntualizaba que la Iglesia habanera no tenía conexión con partido político alguno y la libertad de los católicos para votar libremente por cualquier partido «con la sola excepción del que mantenga un programa antirreligioso y ateo» —lo que era una alusión nada velada a los comunistas. Recomendaba evitar las abstenciones y ejercer el voto como un deber cívico, concluía así: «Contribuyamos todos a los mejores destinos de la Patria con la fe puesta en Dios y en la santidad de nuestros ideales».[98]

Los resultados de aquellas elecciones no fueron tranquilizadores para la Iglesia, Fulgencio Batista llegaba al poder de la mano con sus aliados comunistas. Para los colegios sostenidos por congregaciones religiosas las normas derivadas de la Carta Magna resultaban incómodas, por ejemplo, la supervisión de los planes y el proceso educativo por inspectores del Ministerio de Educación y

---

[97] "Circular con motivo de la nueva Constitución". *La Voz de la Iglesia*...p.32.
[98] Ibid, p.33.

el establecimiento de asignaturas obligatorias como: Geografía, Historia y Literatura cubanas, Cívica y Constitución, impartidas únicamente por profesores cubanos y a partir de textos oficiales, pero no era difícil ponerlas en práctica.

Esto se hizo más complicado en 1941 cuando fue designado el intelectual comunista Juan Marinello, enemigo jurado de la enseñanza religiosa, para presidir la Comisión de Enseñanza Privada del Consejo de Educación. Para llamar la atención sobre el peligro que esto entrañaba se celebró otro mitin en el Teatro Nacional llamado «Pro Patria y Escuela».

La esperada agresión a los colegios católicos no llegó en esta etapa, pero fue preciso enfrentar una campaña de sabor nacionalista, en la que se implicaron hasta laicos católicos, quienes abogaban por prohibir enseñar al clero extranjero y sustituirlo por maestros cubanos. Esto no llegó a oficializarse, aunque se mantuvieron las restricciones oficiales ya consignadas anteriormente.

Estas experiencias en el plano público crearon una atmósfera en la ACU que fue potenciada por el ciclo de seis conferencias que el P. Foyaca ofreció a los agrupados a partir del 10 de marzo de 1941 que poco después fueron publicadas en libro. Esto motivó el surgimiento del Círculo de Estudios Sociales y, a partir de allí, de un movimiento llamado «Democracia Social Cristiana».

Así describe Miguel Figueroa el ascenso de aquella iniciativa:

> Por fin el 6 de octubre de 1941 comenzó la campaña para la que se había estado preparando aquel grupo de jóvenes profesionales, escogiéndose como lugar de partida la Capilla de las Yaguas, donde en tres noches consecutivas se disertó sobre cada uno de los doce puntos del programa. «Puntos», dice Francisco Pérez Vich, uno de los más entusiastas paladines de la Democracia Social Cristiana, «capaces de arrastrar con ímpetu avasallador, a un pueblo entero, sediento de justicia social».

Después de este primer éxito siguieron conferencias en la Anunciata para obreros católicos y muchos de las escuelas nocturnas, y luego, ya más experimentados, en Jaruco, Guanajay, Santa Cruz del Norte y Jovellanos.

Poco a poco se le fueron sumando miembros de otras instituciones católicas de Cuba, los de Colón, la Anunciata y la Federación de la Juventud Católica. Por su parte la Agrupación se volcó por completo en esta campaña, no sólo hablando en los mítines, sino también llevando todo el trabajo de organización y secretaría.[99]

El 22 de noviembre de 1942 se celebró la primera asamblea del Movimiento en el Teatro Auditorium. Al frente de ella estaba el Dr. Abel Teurbe Tolón, jefe de la Democracia Social Cristiana a nivel nacional. Asistieron los obispos de La Habana, Santiago de Cuba y Camagüey. Las principales agrupaciones católicas de su Cuba dieron respaldo moral a esta labor.

Sin, embargo, este movimiento, si bien pudo difundir en espacios públicos la Doctrina Social de la Iglesia, no llegó a convertirse en un movimiento político organizado, mucho menos en un partido que pudiera aspirar a obtener espacios en el gobierno de la República. ¿Por qué no fue posible lograr en Cuba lo que había podido obtenerse en varias naciones europeas y americanas? El discernimiento de este asunto podría ser muy extenso para estas páginas, si bien es posible desgranar algunos argumentos.

En primer término, la Constitución de 1940, si bien respetaba la libertad de cultos, acentuaba el laicismo de su predecesora de 1901. No parecía viable constituir un partido que exhibiera una filiación religiosa. Por otra parte, tanto la jerarquía eclesial como el propio P. Rey de Castro eran renuentes a vincular a la Iglesia con un partido específico, lo que podría generar compromisos engorrosos para ambas partes.

---

[99] Figueroa: *Historia*...p.150.

En la Cuba de 1941 y los años que siguieron no existían las condiciones que en la Europa de esa década llevaron a posiciones políticas relevantes a católicos como Alcide de Gasperi, Robert Schuman y Konrad Adenauer. No bastaba con que un grupo de jóvenes estudiara las encíclicas sociales desde León XIII hasta Pío XII y que figuras de gran intelecto como José Ignacio Lasaga pudiera explicar la filosofía personalista basándose en sus lecturas de Maritain y Mounier. El ambiente local iba por otros rumbos.

La vida pública cubana del momento era una complicada urdimbre donde actuaban por una parte políticos tradicionales y por otra figuras más jóvenes, surgidas de la revolución antimachadista. Predominaban —como hemos comentado antes— el laicismo, el anticlericalismo y la política real derivaba entre las componendas secretas y la violencia en el espacio público. En la mayoría de los partidos —con la sola excepción del comunista— podía encontrarse algún miembro católico, sin embargo, solo muy pocos alcanzaban posiciones relevantes en la legislatura o en los gabinetes gubernamentales.

El historiador Manuel Fernández Santalices se refiere a algunos casos excepcionales, como el ya citado Dr. Manuel Dorta Duque, abogado, profesor de la Universidad habanera, y autor de un proyecto de Reforma Agraria presentado a la Cámara de Representantes pero nunca aprobado. Otro de ellos fue Pastor González García, miembro de la Federación de la Juventud Católica y de los Caballeros Católicos, quien militó en su juventud en el ABC y llegó a ser subsecretario de Hacienda en los breves gobiernos de Carlos Manuel de Céspedes y Carlos Mendieta. Entró en la Orden de las Escuelas Pías, en la que se ordenó sacerdote en 1954. En 1958, a solicitud de los obispos cubanos, formó parte de la llamada «Comisión de la Concordia» que procuraba conformar un «Gobierno de Unidad Nacional», aunque esto concluyó en el fracaso.[100]

---

[100] Cf. M. Fernández: *Presencia*...pp.64-65.

Entre los miembros de la ACU, Ángel Fernández Varela se postuló en las elecciones parciales como representante a la Cámara en las elecciones parciales de 1946 y obtuvo su escaño con una gran mayoría de votos. Menos fortuna tuvieron en elecciones posteriores para ese mismo órgano Marino Pérez Durán y Melchor Gastón. Sin embargo, estos últimos ocuparon después importantes funciones sociales, el primero llegó a ser Decano de la Facultad de Derecho de la Universidad de Villanueva y Secretario de la Federación Nacional de Colegios Católicos, en cuanto al ingeniero Gastón fue administrador del central «Nuestra Señora de los Dolores» que su familia poseía desde 1823 y donde continuó una fecunda labor apostólica con sus trabajadores y vecinos[101]; en 1957 era Presidente de los Pequeños Hacendados de Cuba y de los Empresarios Católicos.

Sin embargo, la personalidad más relevante en el plano político dentro de la Agrupación fue el Dr. Juan Antonio Rubio Padilla. En primer término fue un estudiante opositor a Machado desde el Directorio universitario. Recuérdese que uno de los primeros actos del padre Rey cuando retornó a Cuba en 1931 fue visitarlo en su confinamiento del Castillo del Príncipe. No depuso su actividad política en agosto de 1933 cuando el presidente abandonó el poder. Estuvo entre los dirigentes universitarios que se dirigieron a Columbia en la víspera del 4 de septiembre para unirse a la «rebelión de los sargentos». Fue él quien leyó a la concurrencia el Manifiesto del Directorio Estudiantil que fue aprobado por los asistentes. De allí partió el golpe de estado al presidente provisional Céspedes y la conformación del gobierno provisional conocido como la Pentarquía

Unos días después, disuelta esta por contradicciones internas, se opuso a algunos de sus camaradas —Eduardo Chibás, Justo Carrillo— que proponían a Gustavo Cuervo Rubio, primo de Juan

---

[101] Cf. Luis Bay Sevilla: "Un ingenio que pertenece desde hace 122 años a la misma familia". *Diario de la Marina*, 17 de enero de 1946.

Antonio, como presidente de la República y defendió a Ramón Grau para ocupar el cargo.

Mirado desde un ángulo convencional resultaba una figura contraproducente. El alumno destacado de Belén, el primero de los agrupados, el hombre que mantuvo viva la congregación durante la ausencia del fundador fortificado por los Ejercicios Espirituales, era un rebelde político que no desaprobaba los métodos violentos.

Baste con recordar que formó parte del grupo que «juzgó» por traición e hizo fusilar al antiguo miembro del Directorio, José Soler Lezama[102] y poco después —a inicios de noviembre— cuando supo que Batista conspiraba con el enviado norteamericano Welles para dar un golpe de estado a Grau, se asoció con Antonio Guiteras, Willy Barrientos y otros hombres de acción para secuestrar al coronel, declararlo traidor y fusilarlo, lo que se frustró a última hora por la falta de colaboración de Grau. ¿Ejercicios espirituales y fusilamientos?

Cuando en el panorama nacional se reorganizaron las fuerzas políticas, Rubio se incorporó al PRC (Auténtico), junto a muchos de sus compañeros del DEU que ocupaban posiciones relevantes en él. En el gobierno constitucional de Grau se desempeñó como Agregado Comercial en el Consulado de Cuba en Boston. Una comunicación de la embajada cubana al Departamento de Estado en marzo de 1948 lo acredita en esas funciones y señala que reside en la emblemática capital de Massachusetts, junto a su

---

[102] A la caída de Machado se conocieron informaciones de la Policía Secreta que demostraban que Soler era un delator. Él había puesto a ese cuerpo represivo tras los pasos de Ángel Pío Álvarez, estudiante de ingeniería y miembro del DEU, implicado en los atentados que costaron la vida a Clemente Vázquez Bello, presidente del Senado y el capitán Miguel Calvo, jefe la Sección de Expertos de la policía. Gracias a esto, Álvarez fue detenido, torturado y luego asesinado. Soler fue apresado por miembros del Directorio, juzgado y fusilado en una finca en las afueras de La Habana, en la víspera del 4 de septiembre, poco antes de que los representantes de la organización se dirigieran a Columbia.

esposa Dania Padilla y sus hijos Juan, Ignacio y Elena Rubio Padilla.[103]

Durante el gobierno de Carlos Prío Socarrás, iniciado el 1 de junio de 1948, Juan Antonio fue primero Ministro sin Cartera y luego Ministro de Salubridad y Asistencia Social —cargo en el que sustituyó al eminente neurocirujano Dr. Carlos Ramírez Corría— desde el 28 de septiembre de 1950 al 3 de abril del año siguiente. Fue sustituido por el médico, propietario y político del Partido Demócrata Republicano, Dr. José Raimundo Andreu Martínez.[104]

Dr. Juan A. Rubio Padilla con un grupo de maestros y compañeros en un homenaje en la Escuela de Belén por su nombramiento como Ministro de Salubridad de la República de Cuba. A su derecha (siempre en segundo plano), el director de la Agrupación Católica Universitaria, p. Felipe Rey de Castro, SJ.

El 9 de octubre de 1949 Rubio Padilla pronunció la conferencia «¿Ha habido una revolución en Cuba?» en la Universidad del Aire del Circuito CMQ, dentro del ciclo «Actualidad y destino de

---

[103] Cf. *Comunicación de la Embajada de Cuba al Departamento de Estado de Estados Unidos sobre personal en los consulados cubanos en ese país*. 5 de marzo de 1948.

[104] Cf. *Los Ministros de Salud Pública en Cuba*.

Cuba». Aunque los *Cuadernos* de esta institución solo la dieron a la luz tras cerrarse el ciclo, en diciembre de 1950, la revista *Bohemia* correspondiente al 23 de octubre de 1949 —apenas dos semanas después de ser radiada— inició sus páginas con el texto.

Ese trabajo resulta de interés, porque no es solo balance de una agitada y conflictiva etapa histórica, sino una especie de examen de conciencia de este político cristiano. En el segundo párrafo deja constancia de la duda que lo atenaza a él y a otros que contribuyeron a desatar la violencia social:

> Dolorosa angustia la del hombre honrado que ha contribuido a fomentar una revolución, a romper todos los frenos, a desatar una guerra civil, y que luego, al final, sospeche que ha caído en la trampa de un espejismo trágico, y que no sólo se equivocó, sino que el supuesto ejército de quijotes que creyó engrosar alegremente, sólo era una vulgar gavilla de salteadores de camino.[105]

Sin embargo, él siente haber estado en el bando correcto, que no es el de los políticos tradicionales, sino el de los estudiantes, cuyos objetivos eran: «Queríamos un cambio total y definitivo del régimen que hizo posible a Machado, y la creación de un nuevo Estado, liberado de la tutela extraña; al servicio de los intereses fundamentales de la nacionalidad, la justicia social y la democracia».[106] Siente, además, que aquel período cruento estuvo plenamente justificado pues: «la revolución trajo tres grandes cambios: independencia nacional, justicia social y democracia política».[107]

Según él la República anterior estaba marcada por la Enmienda Platt y el intervencionismo norteamericano, lo que le parece no solo absolutamente superado, sino que considera —no sin cierta

---

[105] J.A.R: "¿Ha habido una revolución en Cuba?". *Cuadernos de la Universidad del Aire*, p.31.
[106] Ibid, p.32.
[107] Ibidem.

ingenuidad— que en materia de libertad política y justicia social los logros son casi absolutos. Sin embargo, se ve en la necesidad de hacer suyas las dudas que Jorge Mañach planteara a inicios del curso sobre el «relajo y desmoralización» que también trajo aquella revolución, pues tras ellas se exacerbaron la corrupción administrativa, el saqueo de fondos públicos, a los que alude manera nada velada, aunque tal problema llega a su clímax precisamente no solo tras la Constituyente sino durante los gobiernos auténticos, liderados por sus amigos y camaradas. Para la respuesta está en el orden de la moral:

> Es preciso, a mi juicio, reconocer una gran verdad, amarga como la hiel: la revolución cubana no tuvo objetivos morales. Fue hija, filosóficamente, del liberalismo laico de los fundadores de la república, de treinta años de educación oficial, despojada de fines morales, y de la influencia ideológica del socialismo marxista.[108]

Para sorpresa de muchos, en aquel momento y ahora, más de siete décadas después, el disertante asegura que el problema moral fue dejado a un lado, porque tanto el programa del Directorio como el del ABC eran híbridos de Rousseau y Marx. Esto fue la causa de que: «La moral —y me refiero a la moral por excelencia de un occidental, que es la cristiana— ésa se quedó fuera, teóricamente entonces y prácticamente después».[109] De ahí que considere: «La salvación moral no puede venir de otra manera que aparejada a una posición muy clara en la defensa de las conquistas históricas de la revolución, articuladas en una nueva ideología moral».[110]

Si hasta allí sentimos que habla el antiguo revolucionario, en los párrafos finales de la conferencia se siente la voz del agrupado, que busca una ruta diferente que no es la de los viejos políticos

---

[108] Ibid, p.34.
[109] Ibidem.
[110] Ibidem.

republicanos, ni la de los conspiradores que ahora militan en el autenticismo o en diversos partidos de la oposición, sino en un fenómeno surgido en Europa tras la crisis de las democracias y el ascenso y caída de los totalitarismos: «los partidos demócrata-cristianos. Pero estos partidos (he aquí otra gran lección para nosotros) no surgen para renegar de las grandes conquistas de la civilización occidental, sino para salvarlas y, por tanto, han recogido la bandera de la justicia social y la democracia política, asentándola sobre el eterno basamento de la moral cristiana».[111]

Su conferencia concluye así:

> He aquí una orientación y una ruta. Recojamos las grandes consignas de la revolución cubana y fragüemos, con ellas y con la moral cristiana, una nueva bandera de superación nacional, de servicio a la colectividad, transido de un profundo espíritu de desinterés y de amor al prójimo, y entonces sí que habremos salvado nuestro avance material, para ser instrumento de felicidad, sobre una base sólida de moral colectiva.[112]

Resulta perfectamente explicable que en un país cuya corriente política principal en el siglo XX haya sido liberal y laica, el aparente viraje del conferencista hacia una actitud confesional haga sonar un timbre de alarma acompañado por una pregunta que formula el Dr. Mañach: ¿Acaso sugiere Padilla la creación de un partido de matiz religioso? Entonces aprovecha Rubio para argumentar más su pensamiento:

> Voy a contestar la pregunta del Dr. Mañach. Lo que un partido político de esa naturaleza tendría de religioso, es decir, de matiz religioso, como él me ha preguntado, no es nada más que aquellos elementos de la religión que desde el punto de vista de la actuación política pudieran servir

---

[111] Ibid, pp.36-37.

[112] Ibid, p.37

de basamento sólido a ese partido, porque un partido de esta naturaleza no sería un partido político de la Iglesia, es decir un partido político de basamento filosófico católico; no es la Iglesia Católica hecha partido político; para fines puramente religiosos está única y exclusivamente la Iglesia. Ahora, un partido político que de entrada tuviera evacuadas una serie de dudas y de preguntas que todo el mundo se hace cuando le hablan de un partido político nuevo, como por ejemplo: qué es lo moral y qué es lo inmoral, nacería con una moral conocida y que, por otra parte, tiene antecedentes muy brillantes, porque de veinte siglos del funcionamiento de esa moral, ahí está Europa como resultado.[113]

Esta era una idea en ciernes, el Agrupado no.1 no ha podido madurarla, de ahí que sus respuestas a algunos miembros jóvenes anónimos del público no sean del todo claras cuando «un estudiante» le pregunta por qué ubicar un partido nuevo bajo la égida de la Iglesia católica si esta generalmente ha apoyado en política a figuras ya de conducta maculada en lo moral, mientras que «una señorita» le hace dos señalamientos atendibles: ¿Por qué democracia cristiana en un país donde hay ciudadanos de diversas religiones o de ninguna? Y por otra parte: ¿Por qué insistir en Europa como referente si ese continente no ha sido en años recientes ejemplo de buen gobierno?

El intelectual no está en un punto de llegada, sino en pleno camino de una especie de conversión en el terreno político. Tras sus páginas no se oculta demasiado el sentimiento de responsabilidad moral por haberse ubicado en su juventud en el epicentro de una revolución violenta. En su madurez necesita conciliar su actitud política con sus convicciones cristianas. ¿Por qué insiste en Europa? Quizá porque ha estado leyendo a Maritain y Mounier y en ellos encuentra un aliento cristiano para renovar la democracia, en

---

[113] Ibid, p.38.

segundo término porque juzga a distancia el ascenso de la democracia cristiana en Italia, Alemania y otras naciones como un suceso providencial que sirve de paliativo a las heridas dejadas por el fascismo y a la muy viva influencia comunista. No tiene, lógicamente, ni la vivencia personal, ni la perspectiva histórica suficiente para juzgar el quehacer de políticos como De Gasperi, Schuman y Adenauer. Esto no era una limitación exclusiva de Rubio y la compartía con muchísimos cristianos en el mundo.

En el contexto de la ACU de aquellos años aquellas ideas comenzaban a arraigar no sin dificultades. En 1947 la Asamblea Apostólica había tenido como tema «La política como apostolado». Pronto surgiría el movimiento «Acción Cubana». Como describe Figueroa:

> De esa época es «Acción Cubana», el movimiento político más interesante que ha surgido en nuestra Institución.
>
> Se inició fuera de ella, pero formado por agrupados, proponiéndose al principio aprovechar las oportunidades que se le presentase en cualquier partido político, para luego fundar el suyo propio. En este primer período se le agregaron al núcleo primitivo muchas personas no agrupadas e inclusive unas cien mujeres.
>
> Al fracasar el proyecto de la compra del periódico «El Mundo», el P. Rey decidió, no pudiendo encaminar la acción apostólica de la Agrupación en el campo de la prensa, dar un mayor impulso a la política y orientar hacia ella los principales esfuerzos de la Agrupación. Con ese objeto creó con los agrupados pertenecientes a «Acción Cubana» un Círculo dirigido personalmente por él, en el que se enfocaba la política como apostolado y se estudiaba todo cuanto en alguna manera contribuyera a formar al político teórica y prácticamente, constituyendo el eje de la motivación de sus miembros la respuesta dada por ellos a la pregunta de San Ignacio en los Ejercicios Espirituales: «¿Qué

hago yo por Cristo?», a la que contestaban, «Hago política».

Al enterarse la Jerarquía de la existencia de «Acción Cubana» le advirtió que en Cuba ya había varios partidos políticos en alguno de los cuales podían militar los de su grupo sin necesidad de crear uno católico.

En igual sentido le habló a Juan Antonio Rubio Padilla cuando en la revista «Bohemia» apareció un artículo firmado por él donde repetía los conceptos expresados en una conferencia que pronunciara en la «Universidad del Aire» abogando por la creación de un partido Democrático Cristiano que al igual que los que en Europa estaban resolviendo los problemas de Alemania e Italia, solucionaran los de Cuba.[114]

Es evidente que, a pesar del entusiasmo de Rubio Padilla, ni siquiera aquel movimiento preparatorio pudiera cuajar en un partido. Tanto el cardenal Arteaga como el resto de la jerarquía y, a la zaga de ella, el mismísimo P. Rey eran adversos al nacimiento de un partido católico, temían contaminar a la Iglesia con las corrupciones de la política real y preferían no embarcarse en la experiencia de una democracia cristiana, la libertad para que los fieles militaran en aquellos que no fueran expresamente anticatólicos fue el paliativo que no solo entonces, sino todavía una década después sostenían los prelados.

Eso explica que «Acción Cubana» primero fuera desplazada de la sede de la ACU y tuviera que reunirse en otro sitio, así como ampliar su base con miembros no agrupados, pero cuando llegó a plantear de nuevo la posibilidad de constituirse en partido, el asunto fue vetado por la Agrupación a tenor del criterio de la jerarquía eclesiástica.

---

[114] Figueroa: *Historia*...p.163.

Los que no pertenecían a la ACU tomaron otros rumbos y «Acción Cubana» acabó disolviéndose en un año crucial, 1952, el del deceso del fundador y el del golpe de estado que interrumpió el período constitucional.

El propio Rubio Padilla sirvió durante el gobierno de Prío como ya hemos señalado y tras el 10 de marzo de 1952 pasó a la oposición. A partir de 1959 tuvo otro activo período político de resistencia al nuevo gobierno revolucionario, primero desde Cuba y luego desde su exilio en Estados Unidos.

Lo más semejante a un partido demócrata-cristiano no nació directamente dentro de la ACU, pero sí bajo la tutela de la Compañía. Fue el Movimiento Demócrata Cristiano fundado por el agrupado Dr. José Ignacio Rasco y Bermúdez en el Colegio de Belén en 1959. Su labor estuvo limitada por la fuerte represión de las autoridades aun a la oposición pacífica, de modo que debió suspender sus actividades en el país en el verano de 1960. Las continuó en Estados Unidos, donde formó parte del Frente Revolucionario Democrático.

Un detalle curioso: Rubio Padilla no formó parte de este movimiento en el exilio. Prefirió formar, junto a su primo Gustavo Cuervo Rubio y su sucesor como Ministro de Salubridad, José Raimundo Andreu Martínez, el Frente Institucional Democrático.

El Primer Agrupado falleció en Miami el 22 de septiembre de 1989. La despedida de duelo fue pronunciada por el Dr. José Ignacio Lasaga quien lo calificó como un hombre «escandalosamente honesto». No pudo retornar a Cuba, ni fundar el partido cristiano con que había soñado.

XIII
Acción Católica y Agrupación Católica

Es habitual asociar al papa Pío XI con la fundación de la Acción Católica, sin embargo, un estudio atento muestra que las raíces de esta se encuentran en el siglo XIX cuando ciertos sectores de la Iglesia desarrollan una urgente actividad apostólica para contrarrestar el laicismo de algunos estados, el materialismo filosófico, el anticlericalismo y otras corrientes hostiles. De ello da ejemplo el Congreso de Malinas (Bélgica) en 1863 del que nace la Asociación Católica, así como la fundación por Albert de Mun de la Asociación Católica de la Juventud Francesa. Ya en 1905 el papa Pío X, en su encíclica *Il fermo propósito* [El firme propósito…] procuró establecer las bases de una Acción Católica como actividad organizada de los laicos católicos buscando «unificar sus fuerzas para situar de nuevo a Jesucristo en la familia, en la escuela, en la sociedad», aunque todavía con una visión limitada de la identidad del laico al que veía como un auxiliar de la jerarquía eclesial. Fue Benedicto XV quien desarrolló más sustancialmente esta idea y la llevó a la práctica al reorganizar la Acción Católica italiana y sustituir su Dirección general por una Junta Directiva que concedía más autonomía a los laicos.

Su sucesor, Pío XI, en la primera de sus encíclicas, titulada *Ubi arcano Dei* [Por el inescrutable designio divino…], señala los principales males de una sociedad que ha salido maltrecha de la primera Guerra Mundial y en la que se ha producido un fuerte proceso de descristianización en Europa, afectada por la propagación del materialismo filosófico, especialmente el marxismo con su teoría de la «lucha de clases» y también por el auge generalizado de la «concupiscencia» que aleja a las sociedades del mensaje evangélico. Es en ese contexto en que enuncia y desarrolla el lema de su pontificado: «La paz de Cristo en el reino de Cristo» y constituye una especie de programa para hacerlo visible, entre sus puntos está el desarrollo visible del apostolado:

> A esta piedad atribuimos el espíritu de sagrado apostolado, mucho más extendido que antes, es decir, aquel celo ardentísimo de procurar, primero con la oración frecuente y con el buen ejemplo, luego con la propaganda de palabra y por escrito, y también con las obras y socorros de la caridad, que de nuevo se tributen al Corazón divino de Cristo Rey, lo mismo que en los corazones de los individuos que en la familia y en la sociedad, el amor, el culto y el imperio que le son debidos.
>
> A eso se encamina también el buen certamen diríamos *pro aris et focis* [para altares y hogares], que se ha de emprender, y la batalla que se ha de trabar en muchos frentes en favor de los derechos de la sociedad religiosa y doméstica, de la Iglesia y de la familia, derivados de Dios y de la naturaleza, sobre la educación de los hijos. A esto, finalmente, se dirige también todo ese conjunto de instituciones, programas y obras, que se conoce con el nombre de *Acción Católica* y que es de Nos muy estimada.[115]

Sin embargo, nueve años después, una cuestión política vuelve a colocar en primer plano a la Acción Católica. Si bien en 1929, gracias al Pacto de Letrán queda resuelta la «cuestión romana» o diferendo entre la Santa Sede y el Reino de Italia por el arbitrio del poder temporal en la Ciudad Eterna, mas el gobierno de Mussolini, en su labor continua de imposición de la ideología fascista, comienza a desplazar a las agrupaciones católicas de las instituciones educativas, lo que incluyó una violenta campaña contra la Acción Católica. Eso motiva una nueva encíclica: *Non abbiamo*

---

[115] Pío XI: *Ubi arcano Dei* §53.

bisogno [No necesitamos...] promulgada el 29 de junio de 1931. En ella el pontífice aclaraba que la Acción Católica no era un partido político, estaba subordinada a la jerarquía y tenía derecho a desarrollar su labor apostólica sin ser estorbada por el estado. Aunque esto motivó determinadas confrontaciones con el movimiento fascista permitió que la Acción Católica italiana desarrollara una serie de acciones vinculadas con la educación y la cultura como la fundación de los movimientos de graduados católicos y de maestros, el desarrollo de las semanas sociales, la celebración de semanas de la cultura y hasta la fundación de un Centro Católico de Cine en 1936.

El inicio de los «movimientos especializados» puede situarse hacia 1924 cuando José Cardjin funda en Bélgica la Juventud Obrera Cristiana. Gracias a esto surgen en otras naciones europeas otros movimientos centrados en los jóvenes estudiantes o en los laicos adultos.

En el caso de Cuba la creación de la Federación de la Juventud Católica Cubana en 1928 —como hemos señalado antes— fue la precursora de la Acción Católica. Solo en 1940 Mons. Manuel Arteaga mostró su interés en fundar la Acción Católica y, con el apoyo del sacerdote mexicano Ricardo de Alba, redactó su primer reglamento en 1941. En realidad, se produjo un proceso de consolidación que se extendió hasta 1944 en el cual organizaciones preexistentes se convertían en ramas de ella, por ejemplo la Asociación de Caballeros Católicos —fundada en 1929— se constituía en rama A, mientras que la Juventud Católica se deslindaba en las ramas B —masculina— y D —femenina—. En 1942 se incorporaría la Liga de Damas de Acción Católica que inmediatamente se articuló como rama C.

La de más tardía aparición fue la Juventud Obrera Católica (JOC) en 1947, cuyo desarrollo fue singular pues, si bien surgió en el seno de las Juventudes de Acción Católica, alcanzó un impulso tal que acabó constituyéndose en una asociación autónoma. En ese desarrollo tuvo un papel decisivo la Compañía de Jesús, especialmente en los años 50 del siglo XX, cuando la JOC se vincula al Centro de Información y Acción Social (CIAS) fundado en la nueva comunidad jesuita de Villa San José por el P. Manuel Foyaca de la Concha, el gran promotor de la Doctrina Social de la Iglesia en Cuba y otros países de la región. El asesor de la JOC era el agrupado P. Enrique Oslé Tur SJ.

En aquella sede de de las calles G y 19 se ofrecerían los cursillos de orientación social con la presencia de afiliados de toda la República. Desde 1953 llegaron a tener propagandistas profesionales en las localidades de Ciego de Ávila, Colón y Güira de Melena para formar jóvenes líderes obreros. En 1958 celebraron su Primera Semana Social en el seminario El Buen Pastor, que fue sede también de la Segunda y la Tercera en los dos años siguientes. En esta última emitieron un documento en el que condenaban «los abusos del capitalismo explotador» pero también «al comunismo por tender en sus campañas y demagogias a la lucha de clases y a la destrucción de orden económico social, bajo el pretexto de falsas promesas a los humildes del pueblo».[116] En el año anterior la Casa de Ejercicios de la ACU había servido de sede a la reunión del Comité Ejecutivo de la Juventud Obrera Católica Internacional, con delegados de Europa, Asia, África y América, entre los que se encontraba Mons. Cardjin. En 1960 poseían ya un local independiente en la calle Tulipán en el Cerro. Las circunstancias políticas del país a partir de ese mismo año resultaron adversas para la organización y determinaron el fin de su labor pública.

Tanto el sentido amplio y unitario de la Acción Católica, como la presencia de varios jesuitas como asesores o colaboradores de sus diferentes ramas hacían augurar que la Agrupación Católica Universitaria formaría parte de ella de manera evidente. Sin embargo, las singulares características de ésta, aunque no impidieron la colaboración con la Acción Católica en diferentes labores y circunstancias, no permitieron su integración plena y orgánica.

---

[116] Citado por Sáez: *Presencia de los jesuitas*…p.138.

No debe buscarse en el pensamiento del P. Rey el obstáculo para esa falta de identificación. Mucho antes de 1941, cuando los obispos anunciaron en el Congreso Eucarístico de Camagüey su voluntad de constituir la Acción Católica, el padre Felipe seguía atentamente desde 1933 el proceso de desarrollo de ésta en diversos países del mundo y hablaba de ella a sus agrupados, hasta el punto que incluyó el tema en las pláticas de los Ejercicios Espirituales. Mostraba una especial sintonía con el pensamiento de Pío XI al respecto y luego con el de su sucesor Pío XII. Para esas fechas tanto dentro de la Agrupación como en la jerarquía, la ACU se veía y era vista como parte ineludible de la futura Acción Católica. Así argumenta Figueroa:

> Antes de que ésta se creara oficialmente, la Agrupación actuó desde el día de su fundación persuadida de que estaba haciendo acción católica y preparando el terreno para su organización futura. Así lo expresa Juan Suárez el 25 de febrero de 1933 al Secretario de las Juventudes Católicas Uruguayas: «Hace poco más de dos años que hemos empezado nuestra Acción Católica dentro del terreno exclusivamente universitario, por estimar que si antes no formábamos los hombres aptos para que tal organización diese los frutos debidos, jamás una empresa de tanta magnitud respondería en un todo a los dictados de la verdadera Acción Católica».
>
> Semejante convicción la confirmó y alentó repetidas veces Monseñor Ruiz, una de ellas por escrito el 5 de enero de 1938 en carta dirigida al Presidente de la Agrupación: «Me siento feliz por contar entre mis auxiliares con hombres tan decididos, que por amor de Dios y al prójimo con tanto empeño se dan a trabajos de verdadera Acción Católica».[117]

---

[117] Figueroa: *Historia...*p.139.

Si esto no fuera suficiente, ahí estaba el criterio del Santo Padre para apoyarlos:

> Para mayor abultamiento, Pio XII había escrito al P. Daniel Lord en 1940, que el «espíritu de solidaridad fraternal en la gloriosa misión redentora de la Iglesia Universal servirá que ninguna otra cosa para coordinar, con nuestro inmediato Predecesor de santa memoria que tan ardiente deseaba y proyectaba, los esfuerzos de las diversas asociaciones autónomas entregadas al trabajo apostólico y consagrara, por decirlo así, su cordial colaboración, en el llevar adelante la causa de Jesucristo».
>
> El 4 de septiembre de ese mismo año, precisando aun más los conceptos en su alocución a la Acción Católica Italiana, había expresado que las Congregaciones Marianas, al igual que las organizaciones de la Acción Católica, formaban parte de la oficial Cooperación en el Apostolado Jerárquico de la Iglesia sin perder por ello, nada de su espíritu propio ni de su interna organización, coordinándose en perfecta armonía con las otras unidades de la Acción Católica.[118]

Eso podía completarse con el propio concepto de las Congregaciones Marianas que el papa Pacelli definió en su discurso del 21 de enero de 1945:

> La consagración a la Madre de Dios en la Congregación Mariana es un don completo de sí mismo para toda la vida y para la eternidad. Un don no de pura fórmula o de puro sentimiento, sino efectivo, que se verifica en la intensidad de la vida cristiana y mariana, en la vida apostólica, que hace del congregante el ministro de María, y por decirlo así, sus manos visibles en la tierra, con la espontánea profusión de una vida interior superabundante que se derrama en

---

[118] Ibidem.

> todas las obras exteriores de la sólida devoción, del culto, de la caridad y del celo. Es lo que con especial energía inculca vuestra regla primera: darse seriamente a la propia santificación, cada uno en su propio estado; dedicarse, no de cualquier manera, sino con ardor, en la medida y en la forma compatible con las condiciones sociales de cada uno, a la salvación y a la santificación de los demás. Aplicarse, por fin, valerosamente a la defensa de la Iglesia de Cristo. Ésta es la consigna del congregante, aceptada libre y resueltamente en el momento de su consagración.[119]

A pesar de todos estos fundamentos del magisterio que definían la existencia y labor de la Agrupación netamente como un modo de «acción católica», ésta nunca logró integrarse plenamente en la Acción Católica Cubana. Ni siquiera el nombramiento de un agrupado tan eminente como José Ignacio Lasaga como «organizador del Secretariado Nacional y Secretario de la Junta Nacional» pudo allanar las diferencias entre ambas organizaciones.

Miguel Figueroa y Miranda en su *Historia de la ACU* ofrece algunas razones plausibles. Entre ellas, el hecho de que la Acción Católica Cubana tomó como modelo la de España, en la amplia presencia del clero secular que procuró centralizar la labor de ésta en las juntas parroquiales.

A esto me atrevería a añadir que, en Cuba como en otras partes del mundo, había una determinada distancia mental y hasta ciertas prevenciones entre clero secular y congregaciones religiosas, de modo que había dificultades para una colaboración plena. Eso explica que pronto arraigara el concepto de que las Congregaciones Marianas eran cosa aparte y, si bien sus miembros eran bienvenidos en la Acción Católica como individuos, no se les reconocía como órganos actuantes dentro de ella.

---

[119] Pío XII: *Discurso a las Congregaciones Marianas*. 21 de enero de 1945.

Esto era particularmente significativo en la rama B, la de los jóvenes, porque ésta traía una experiencia previa desde la Federación de la Juventud Católica, a la que ya nos hemos referido antes, muy diferente a lo que sucedía con la rama A, los Caballeros Católicos, nacidos por inspiración jesuita y que muy pronto aceptó a la ACU como una entidad hermana con la que mantuvo estrechos nexos de colaboración en toda la Isla.

Para el padre Rey no solo fue sorprendente sino muy amarga la decisión de la Acción Católica Cubana de que, pese a las normas pontificias, las Congregaciones Marianas no eran «acción católica» y por tanto se exigía que para pertenecer a ella los congregantes tenían que inscribirse individualmente.

Puso el fundador todo su empeño en procurar el acercamiento a la Acción Católica Cubana y veló porque el Consejo Directorio de la ACU procurara mantener relaciones cordiales con ésta. Estos esfuerzos favorecieron que la Junta de Acción Católica invitara a dos delegados de la ACU a formar parte de una Junta Parroquial que celebró una de sus sesiones en el local de la Agrupación; así mismo, profesionales agrupados y federados colaboraron para la creación en 1943 de los grupos de Acción Católica en Varadero y Victoria de las Tunas.

Pero los gestos no pasaron de allí y la carta que Rey de Castro dirigiera el 7 de noviembre de ese año a Monseñor Valentín Zubizarreta, arzobispo de Santiago de Cuba y presidente de la Conferencia de Obispos de Cuba, para procurar romper este aislamiento, ni siquiera tuvo acuse de recibo.

Aunque Su Eminencia Manuel Arteaga, invitado a la Asamblea Apostólica de la ACU en 1943, dijo que la Agrupación «siempre había sido y había hecho Acción Católica», en la práctica las cosas quedaron como antes.

El profesor e historiador católico Ignacio Uría, en su libro *Iglesia y Revolución en Cuba* —un estudio muy documentado de la vida y ejecutoria de Mons. Enrique Pérez Serantes—, aborda este asunto con absoluta claridad. En el propio año 1943, este prelado, por entonces obispo de Camagüey, escribe a la Compañía de Jesús pidiendo apoyo para el fortalecimiento de la Acción Católica, recibe pronto respuesta del P. Gustavo Amigó, un colaborador estrecho del P. Rey en la ACU:

> A su solicitud respondió el P. Gustavo Amigó, que le confirmó que la ACU (creada por la Compañía de Jesús) estaba: «plenamente dispuesta a cooperar en la Acción Católica […] y eso lo miramos no como una humillación sino como un deber de servicio a las consignas de la Santa Sede». Al parecer se había extendido el rumor de que el fundador de esa asociación, el jesuita Felipe Rey de Castro, había criticado en público a la Acción Católica, algo que desmintió el P. Amigó, subdirector de la ACU y amigo de Pérez Serantes:
>
>> «Yo jamás he oído, ni siquiera privadamente, tal cosa. De manera que puedes comunicar a Mons. Zubizarreta, de parte oficial nuestra, que estamos absolutamente dispuestos y deseosos de encuadrarnos en la Acción Católica según las normas del Papa y las condiciones que indicas […]. Esa cooperación no es para nosotros rebajamiento, antes realce».[120]

Mas el acucioso historiador va más allá de las tranquilizadoras palabras del jesuita y se refiere a la «atmósfera» de críticas que rodeaba a la ACU, no solo en las filas de la Acción Católica, sino en ciertos espacios de la Iglesia habanera:

> Sin embargo, tanto el P. Rey como la ACU habían sido criticados por otros católicos. Al jesuita se le calificó como «absorbente» y «elitista», y de los agrupados se dijo que estaban hechos para ellos mismos, reconcentrados en su plan de «captar a los de arriba», mientras que la Acción

---

[120] Ignacio Uría: *Iglesia y Revolución en Cuba*, p.85.

Católica era popular, una iniciativa para los católicos de las parroquias.

La controversia se extendió incluso a la revista franciscana La Quincena, que solicitó que la ACU pasara «de inmediato» a formar parte de la Acción Católica. De otro modo: «[...] seguirían siendo jefes sin soldados. Dirigentes sin dirigidos», un cuerpo extraño que evitaba el contacto con los católicos corrientes.[121]

Estas diferencias no impidieron que en 1940 ambas agrupaciones colaboraran en el «Mitin Pro Patria y reafirmación católica», ni al año siguiente en la campaña en defensa de la enseñanza privada llamada «Movimiento Pro Patria y escuela», ni que en diferentes pueblos y ciudades del país agrupados y federados tuvieran una colaboración estrechas en las urgencias de la Iglesia local. A nivel nacional ciertas figuras de la Acción Católica eran cercanas a la Congregación y asistían a sus actos públicos como Julio Morales Gómez y Rubén Darío Rumbaut.

En otros casos esas «distancias» impidieron la unidad en empeños casi idénticos: es llamativo que hacia el año 1949, mientras Juan Antonio Rubio Padilla procuraba echar las bases para un partido demócrata cristiano y miembros de la ACU se reunían para estudiar los fundamentos de esa aspiración, Rubén Darío Rumbaut junto con un grupo de jóvenes federados constituía el «Movimiento humanista», inspirado en las enseñanzas de Jacques Maritain y en el ejemplo del grupo social-cristiano de Chile.

De este grupo se desprendería, avanzada la década de los años 50, un «Movimiento de liberación radical» dirigido por los federados Andrés Valdespino y Amalio Fiallo, que llegó a buscar apoyo en otras fuerzas revolucionarias de oposición al gobierno de Batista incluido el Movimiento 26 de julio, aunque no lograron llegar a acuerdo alguno. Mientras tanto, José Ignacio Rasco preparaba las

---

[121] Ibid, p.86.

bases de su efímero Partido Demócrata Cristiano —luego devenido Movimiento en el exilio. ¿Por qué no vencieron sus reservas o diferencias unos y otros y procuraron unirse en bien de Cuba?

El estudio de la documentación existente permite discernir que no había un estilo de relaciones homogéneo entre la ACU y las cuatro ramas de la Acción Católica. De hecho los nexos con la rama A, conformada por los Caballeros Católicos, asociación que como ya hemos señalado nació bajo la orientación de la Compañía, resultaron estrechas, tanto en el plano nacional como en los espacios locales. Ambos compartieron campañas en defensa de la Iglesia cubana y era frecuente que los agrupados que residían en ciudades y pueblos fuera de La Habana se convirtieran en figuras directivas destacadas en las asociaciones de base de los Caballeros Católicos.

Tampoco había diferendo alguno con las Damas Católicas de la rama C, muchas de ellas eran madres, hermanas o esposas de agrupados y varias fueron además benefactoras de la congregación mariana. Las reservas iban a centrarse en las ramas B y D, que se conformaron, desde el 28 de marzo de 1943, a partir de la Federación de la Juventud Católica Cubana, fundada en 1928 y estructurada más fuertemente en 1935. Las diferencias databan de entonces y hacia 1943 se habían arraigado.

No solo durante la preparación de este libro, sino a lo largo de varios años he conversado en Cuba y otras naciones con antiguos Federados de la Juventud Católica y sus relaciones con la ACU y la opinión que he podido derivar es que, aunque todos manifestaron opiniones respetuosas hacia el Padre Rey y no señalaban ninguna diferencia doctrinal con la Agrupación, en la base de sus desacuerdos había una cuestión social que influía en su concepción del apostolado eclesial.

Los jóvenes federados provenían de cualquier clase social, no necesariamente habían estudiado en colegios religiosos y estaban arraigados en las parroquias respectivas. La Acción Católica les ofrecía formación humana y espiritual y los preparaba para el apostolado, pero la selección no era tan rigurosa como en la ACU, ni el control de la vida cotidiana de los federados llegaba ser como el ejercido en el seno de la Agrupación por el P. Rey y sus auxiliares.

Varias personas, todavía en fechas recientes se han referido con prevención a que les molestaba esa «élite» donde predominaban algunos de los apellidos relevantes en las más altas clases sociales; que funcionaban como un ejército cuya sujeción al Director no se parecía a la libertad en la autogestión de los federados. Dicho en cubano, muchos los veían como «esos estirados, que se creían mejores a los demás» y aunque nadie manifestó que no se les aceptara como miembros de la Acción Católica Cubana, no querían como organización a esa fuerza de gente poderosa dentro de sus filas.

El lema «En cada primer puesto un agrupado» era interpretado por algunos como un ansia de poder y dominación ante la que se sentían disminuidos y hasta excluidos. Eso no impidió que directivos de ambas entidades aparecieran juntos en determinados espacios y hasta compartieran ciertos proyectos, pero nunca se obtuvo una unión orgánica y satisfactoria.

Es un capítulo triste en la historia de la Iglesia cubana, porque personas muy valiosas y bien preparadas pudieron haberse unido para el bien del país y encontrar vías adecuadas para la justicia social. La historia les demostraría amargamente pocos años después —cuando agrupados y federados quedaron hermanados en las prisiones y hasta en la muerte— las consecuencias de esa falta de unidad, pero tal asunto trasciende los objetivos de este libro.

XIV
El mundo femenino: hacia la Rosa Mística

Hacia 1947 la Agrupación Católica Universitaria era ya una organización madura, exclusivamente masculina. Recuérdese que el fundador, a inicios de su obra, había renunciado hasta a la dirección espiritual de mujeres, para concentrarse en sus formandos, a quienes exigía un riguroso comportamiento viril junto con su aplicación al estudio y piedad. Varios testimonios muestran que se preocupaba por los noviazgos de los agrupados y tenía mucha reserva con los matrimonios apresurados por temor a que la esposa no tuviera todas las condiciones para compartir la vida espiritual del esposo.

Durante años los agrupados asistían a la misa dominical y al desayuno posterior sin sus parejas e hijos aunque los tuvieran. Esto no significa que el P. Rey no se preocupara por la familias, sino que quería centrarse en la formación continua de sus «muchachos» y les exigía para ello unas horas de su tiempo cada semana, libres de cualquier preocupación o «ruido» externo. Eso no significa, como comentamos en otras partes de este libro, que él rechazara relacionarse con padres, esposas, hermanas e hijos de los miembros de la congregación y que los vinculara a las tareas apostólicas de esta.

Sin embargo, el Maestro de la Agrupación José Manuel Hernández se refiere en su libro *ACU: los primeros cincuenta años* a una «espina irritativa» que el P. Llorente debió remover fue lo relativo a «la participación de las esposas en la vida agrupacional».[122]

---

[122] JMH: *ACU: los primeros...*p.74.

Para ello se concibieron los grupos de matrimonios que se reunían semanalmente en algunos hogares para realizar pláticas espirituales que acercaran a las esposas a vivir el espíritu de la ACU.

El primero y modelo de ellos fue el grupo «Caná» y luego fueron surgiendo los denominados «San Ignacio», «Nazaret», «Santa Teresa». Una vez al mes tenían una reunión en la sede de la Agrupación para compartir con el Director. Todos los años los matrimonios con sus hijos se encontraban, primero en San Miguel y Mazón, luego en la Casa de Ejercicios «Pío XII» para celebrar la festividad de la Sagrada Familia.

También para las esposas se programaron ya, a mediados de la década del 50 tandas de Ejercicios Espirituales, mientras que surgía el grupo «Cor unum» [Un solo corazón], formado por las hijas de agrupados para consolidar su formación religiosa y a la vez cooperar con las obras apostólicas de la ACU, especialmente con las catequesis y la labor asistencial en el barrio Las Yaguas.

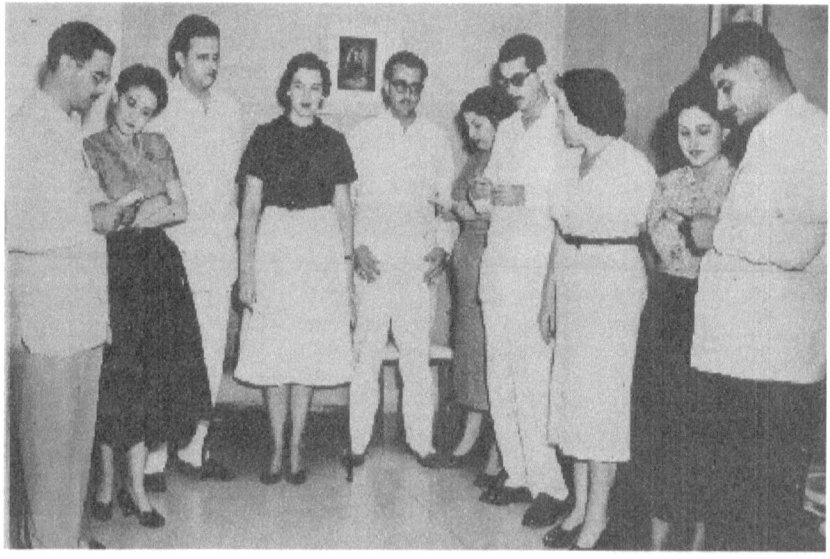

La idea de P. Rey de Castro de establecer una nueva sección de la ACU a la que podrían pertenecer también las esposas. Esto no se concreta hasta que su sucesor estableció los Grupos Caná.

Para una persona que contemplara desde afuera y sin una mirada espiritual la labor del P. Rey hubiera podido pensar que la ACU estaba marcada por el habitual «machismo» cubano y español. Pero debe tenerse en cuenta que el jesuita quería lograr con aquellos jóvenes un complicado equilibrio, por un lado procuraba desmentir el prejuicio callejero que consideraba a los hombres devotos como poco masculinos y, por otro, evitar rumores sobre las relaciones «muy liberales» de los «pepillos» con las muchachas de su edad, en medio de una sociedad harto permisiva.

No hay que ver en esa actitud un gesto de rechazo a la mujer, sino una disciplina estricta. Eso no impedía que tuviera excelentes relaciones con algunas congregaciones religiosas femeninas que se volvieron colaboradoras de su labor apostólica, así como asociaciones laicales como la «Corte de María Reparadora» —presidida por Josefina Gelats— que fue utilísima en el gran proyecto de Las Yaguas.

Una vez que cosechó los primeros frutos de su pedagogía, Rey de Castro llegó a una maduración de sus puntos de vista y se preparó para la fundación de una asociación que debía convertirse en una especie de «rama femenina» de la ACU: la Agrupación Rosa Mística. Encontró para ello a una colaboradora excepcional: la Dra. Rosalba Robert.

Zoila Rosalba Robert Zayas provenía de una distinguida familia de Camagüey. Nació en el hogar formado por el abogado y hacendado ganadero Dr. Roberto Robert Guerra y su esposa Zoila de Zayas. Allí se respiraba no solo una poderosa tradición intelectual, sino una rigurosa piedad cristiana. La joven tenía una inteligencia privilegiada que le permitió estudiar dos carreras en la Universidad de La Habana: Farmacia y Pedagogía. En aquella ciudad conoció al Dr. Armando Ruiz Leiro, especialista en Medicina Interna y miembro destacado de la Agrupación, fundador de la Academia de Medicina a la que ya nos hemos referido, además de ejercer su especialidad en la prestigiosa Quinta de Salud La Covadonga.

Rosalba Robert de Ruiz Leiro (primer plano, sujetando la medalla de consagración a Jesús por María)

A diferencia de muchas esposas de profesionales que preferían consagrarse a las responsabilidades del hogar, Rosalba se desempeñaba en más de una labor: era profesora en la Escuela de Farmacia de la Universidad, además de impartir Psicología en la Universidad Santo Tomás de Villanueva y maestra de Religión en el Colegio Baldor. Precisamente, el padre Rey de Castro se interesó en ella no solo por ser la esposa de un agrupado sino por su papel en esta última institución docente.

El Colegio había sido fundado justo al comenzar la década del 40 del siglo XX por el abogado y matemático Aurelio Ángel Baldor de la Vega (1906-1978), hombre erudito, católico practicante y célebre por su labor benéfica que incluía sustanciosas donaciones para los enfermos de cáncer y becas concedidas a niños sin recursos para estudiar en el centro que él mismo dirigió durante las casi dos décadas de existencia de la institución. Todavía hoy se recuerda a este pedagogo por dos notables libros de texto: su *Álgebra*, publicada por primera vez en 1941 y reeditada muchas veces, así como su *Aritmética,* ambas se convirtieron en bibliografía obligatoria en varios países de América Latina.

Aunque era un colegio privado laico, tenía una visible orientación cristiana y, a diferencia de otros de su tipo, en su plan académico se incluía la enseñanza de Religión y la participación de profesores y alumnos en muchos de los eventos católicos de la ciudad. Además, había un nexo apreciable con la Compañía de Jesús en tanto el hermano mayor de Aurelio era Daniel Gonzalo Baldor de la Vega (1902-1990), uno de los jesuitas cubanos más notables de su época, rector por dos veces del Colegio de Belén, primero entre 1940 y 1947 y después entre febrero y septiembre de 1959, cuando es enviado a Venezuela, en lo que resultó su salida definitiva de Cuba – poco después saldría también Aurelio con su familia, rumbo a México. El P. Daniel había sido Viceprovincial de la Compañía en Las Antillas entre 1952 y 1958.

No sabemos si el padre Rey conoció a Rosalba porque esta asistiera con el Dr. Ruiz Leiro a algún acto de la Agrupación o si le fue recomendada por alguno de los hermanos Baldor. Tal vez ambas cosas sucedieron. Un testimonio de Blanca Antón asegura que Rey de Castro era su director espiritual hacia 1947[123], cuando ella impartía Religión a las muchachas de cuarto año de Bachillerato, en el edificio que el colegio destinaba a este nivel en Línea y 13. Entonces él le sugirió fundar la Congregación Rosa Mística, que era independiente de la ACU, pero se fundaba en una espiritualidad semejante, destinada a las jóvenes que estudiaban en el Bachillerato y la Universidad.

---

[123] Cf. *Rosa Mística. A classic vignette*…p.3

El modo en que la profesora captó a las primeras congregantes era muy semejante al empleado por el padre Felipe en el Colegio de Belén. Se acercó a algunas de sus estudiantes en el Colegio, las que mostraban mejores cualidades humanas y motivación religiosa. Al principio eran muy pocas, pero en cursos sucesivos fueron incorporándose otras candidatas. En principio eran invitadas a participar en unos Ejercicios Espirituales de tres días —como los impartidos por el P. Feliz Lozada en 1949— y después comenzaban las reuniones semanales de los Círculos de Estudio, donde se discutían temas de religión y moral.

La primera sede de la congregación fue una casa alquilada a pocas cuadras del Colegio, pero, menos de dos años después, se trasladaron a otra, en la calle O # 259 en el Vedado, cercana a la Universidad y a la sede de la ACU. Lo interesante es que esta casa no era solo una sede formal de Rosa Mística, sino la residencia para jóvenes provenientes del resto del país que estudiaban en la Universidad y deseaban, tanto como sus familias, llevar una vida acorde con la ética cristiana.

Celebración de misa en la casa de Rosa Mística en La Habana (P. Bercedo).

Las postulantes debían asistir a la misa dominical y a los círculos de estudio. Después de un tiempo de prueba, se convertían en aspirantes. Las que perseveraban recibían la medalla que las identificaba como congregantes, entonces, según la regla de las Congregaciones Marianas debían, además de los Ejercicios Espirituales anuales, asistir a misa cada día, rezar el Santo Rosario acompañado de un momento de meditación —las residentes en la «casita» de O lo hacían cada noche, al fin de sus obligaciones, con la fundadora. Participaban en tareas de apostolado, tanto en la impartición de catequesis como en otras sugeridas por el P. Rey, asesor de la congregación.

Se conserva en el Archivo de los jesuitas de Reina una carta del Viceprovincial P. Calvo dirigida a Rey el 15 de octubre de 1950, a propósito de una celebración eucarística que este quería convocar en la cual se reunirían las Universitarias con las que formaban parte de la Congregación de las Hijas de María.

El remitente ofrece evidencias de que existen reservas y hasta inquietudes en aquella casa religiosa con esta aparente fusión y señala que las Universitarias que tienen celebraciones eucarísticas y otros actos aparte en sus secciones, no estaban obligadas a asistir a la misa dominical de Reina y señala con discreción que no deben confundirse ambas agrupaciones en una, sino mantener cada una sus rasgos particulares.

Quizá el creador de la ACU pensaba que en el caso femenino era posible unir a unas y otras congregantes en una sola Agrupación más fuerte y numerosa, pero ante las reservas de los superiores desistió momentáneamente de ese propósito y no tuvo tiempo después, en el año y algo más que le quedaba de existencia terrenal en volver sobre el asunto.

No debe mirarse este documento como un acto hostil del siempre empático y colaborativo padre Calvo, sino la necesidad de poner orden en cuestiones que podían intranquilizar a los jesuitas de aquella casa y al temor de algunos de ellos de que la nueva congregación intentara disolver dentro de ella a la más antigua y prestigiosa de las Hijas de María, asociación piadosa muy extendida en el país, con base en las diversas parroquias y capillas, no solo las atendidas por jesuitas, sino por miembros de otras órdenes y por el clero secular.

Tras el fallecimiento del fundador éste fue sucedido como capellán por el P. Teodoro Bercedo García S.J, párroco de la Iglesia del Sagrado Corazón, quien mantuvo esa labor hasta su expulsión de Cuba en el buque Covadonga, en septiembre de 1961. Ese momento marcó también el fin de Rosa Mística en Cuba.

Una de las obras de apostolado notables fue la apertura de una escuela nocturna para jóvenes que no eran universitarias y en ocasiones que ni siquiera provenían de familias católicas. Gracias a esta, algunas pudieron incorporarse a la Alta Casa de Estudios y varias de ellas formaron parte de la Congregación. Una de esas alumnas, Rosita Herrera, descubriría después una ferviente vocación como carmelita descalza de Santa Teresa y residió en el monasterio de San José en San Juan, Puerto Rico.

No es un secreto que Rey de Castro vio esta nueva congregación como un modo de preparar mujeres cristianas y profesionales, dignas de ser esposas de sus agrupados y de hecho se produjeron varios matrimonios entre congregantes de una y otra entidad, pero lo más importante fue que de esta fuente brotaron, además de excelentes madres de familia, mujeres con alta preparación entre las que se destacaron la Dra. Cibeles Vidaud, psiquiatra en New York, las médicos Rita Fojaco y Virginia Miranda, así como la arquitecta Eradia Hurtado.

A partir de los sucesos de 1959 y sobre todo, en los dos años siguientes, una buena parte de las congregantes, junto a sus familias, incluyendo a la Dra. Robert, emigraron a distintas ciudades de Estados Unidos, México y otras naciones. Trataron de organizarse en el exilio. De hecho, Eradia Hurtado alquiló una casa en la Calle Flagler en Miami, para que sirviera a la vez de sede de la congregación y de hospedaje para algunas muchachas, tal y como había sido la «casita» de la calle O en el Vedado que habían dejado atrás. Su asesor fue el padre José María Izquierdo del Río SJ, quien conocía a las congregantes desde La Habana. Varias de ellas trabajaron en el *South Dade Labor Camp* en Florida City con emigrantes cubanos, labor que compartieron por un tiempo con miembros de la ACU, en la asistencia espiritual a las familias recién llegadas.

Mención aparte merece July Alvira quien emigró a Puerto Rico y realizó allí durante el resto de su existencia una intensa labor apostólica, tan notable, que se le ha llegado a proponer como candidata a la beatificación.

Varias razones impidieron que Rosa Mística fuera perfectamente trasplantada en el exilio. En primer término tanto Eradia Hurtado como otras de sus colaboradoras fueron recibiendo a miembros de sus familias a los que debían apoyar, así como atender a ofertas de trabajo en distintos puntos de la geografía norteamericana. Por otro lado el P. Izquierdo recibió un nuevo destino en Puerto Rico. A todo esto habría que sumar que el importante cambio cultural que significó trasladarse a Estados Unidos dificultara encontrar aspirantes jóvenes, con una coherencia religiosa y actitudes vitales como las que se esperaban.

Si bien, pareció que la experiencia fracasaría, en la medida en que las congregantes se fueron inculturando en las naciones que las acogieron pudieron hacer renacer la agrupación, no exactamente como había funcionado en La Habana, sino como exigían las circunstancias en cada lugar:

> En Miami y Puerto Rico han abierto dos casas sociales, tienen ya el reconocimiento de sus respectivos ordinarios y cuentan con 200 miembros en Miami y 100 en Puerto Rico. Las otras naciones adonde se han dirigido algunas congregantes para ayudar en la fundación o rejuvenecimiento de Congregaciones Marianas universitarias, son Panamá, Colombia y Venezuela: en todos estos sitios las cubanas prestan su experiencia, adquirida en Cuba durante

su vida universitaria y en la lucha abierta contra el comunismo, y cooperan según sus iniciativas y posibilidades, nunca imponiendo ideas, sino adaptándose a las circunstancias de cada país.[124]

Desde el punto de vista humano, el final de Rosalba Robert fue muy triste.

Después de los sucesos políticos ocurridos en Cuba a partir de 1959, ella y el Dr. Ruiz Leiro decidieron continuar desarrollando sus labores habituales. Él siguió impartiendo clases de Farmacología en la Universidad e incluso fue promovido, el 2 de febrero de aquel año, a Decano Revolucionario de la Escuela de Medicina, aunque renunció apenas dos semanas después y se reintegró a sus clases como simple profesor.

Sin embargo, cuando el 13 de enero de 1961 la Junta Superior de Gobierno de la Universidad «depurara» —eufemismo para denominar a las expulsiones— a 46 profesores de la Facultad de Medicina, él estuvo entre los que decidieron renunciar, como un gesto ético en solidaridad con sus colegas. Lo hizo el 1ro de julio siguiente en una carta abierta publicada en el diario *Información*.

Este gesto, unido al gradual ascenso de los comunistas a cargos de dirección en el gobierno, lo que favoreció sucesos como el asedio a la Universidad de Villanueva; el acoso a estudiantes y profesores católicos en el Alma Mater habanera; la casi imposibilidad del funcionamiento normal de la ACU y de Rosa Mística; les forzó a tomar la decisión de emigrar. En septiembre de 1961 salieron del país rumbo a México.

Se establecieron en New Orleans, donde el Dr. Ruiz Leiro fue profesor en la Universidad Tulane, a la vez que ella completaba exitosamente allí sus estudios de Psicología. Fundaron y dirigieron entre ambos la agrupación católica Hermandad Nazaret en

---

[124] Ibid, p.6.

1967, asesorados por el jesuita y médico Federico Arvesú Gasset del Castillo. Estaba concebida como un grupo de estudio y reflexión basado en las enseñanzas del Concilio Vaticano II y destinado a servir al ser humano desde la fe y la ciencia, que pronto tuvo núcleos en funcionamiento en varias ciudades norteamericanas.

Ambos recibieron varios reconocimientos tanto por su trabajo académico como por su labor apostólica, entre estos, Ruiz Leiro llegó a recibir en Tulane el Premio Gloria Walsh en 1980 y luego obtuvo la condición de Profesor Emérito, además de la distinción Educador del Año por la Asociación Nacional de Educadores Cubano Americanos (NACAE) en 1995.

El prestigioso galeno falleció en 2004, su viuda recibió el rudo golpe con resignación cristiana, pero al año siguiente, el huracán Katrina destruyó su hogar, trastornó sus labores apostólicas y la dejó en una situación de indefensión. Por ello, después de varias décadas de vida en New Orleans, una sobrina debió llevarla consigo a Charlotte, Carolina del Norte, donde pasó sus últimos años en una residencia para ancianos.

Allí la visitó Blanca Menéndez, una de sus «muchachas» de Rosa Mística, con su esposo, el agrupado Manuel Antón, y rezaron juntos el Rosario. Rosalba fue al encuentro con el Padre el 29 de marzo de 2007, a los 91 años de una vida fecunda. Como el patriarca Job, Dios la probó con sucesivas pérdidas, pero jamás se debilitó su fe. Lo que algunos verían como infortunios, para ella fueron pruebas que marcaron etapas en su camino a la salvación.

XV
Tiempos de consolidación

La quinta década del siglo XX marca el momento de consolidación de la Agrupación Católica Universitaria. De ello da fe José Manuel Hernández en su valioso libro *Agrupación Católica Universitaria. Los primeros cincuenta años.* Gracias a este conocemos de la visita en esos años del escritor norteamericano Richard Pattee quien visita la institución, conversa con miembros y directivos, participa en su funcionamiento cotidiano y cuando publica en 1945 su informe *Catholic Life in the West Indies* afirma que la ACU «era el bastión más sólido del catolicismo cubano en la Universidad».[125]

La congregación, desde el punto de vista simbólico, se hacía muy visible en el entorno universitario. A fines de esa década se adquirieron los solares que separaban el edificio social de la esquina de San Miguel y Mazón y en ese espacio se edificó la residencia estudiantil en 1949. La capilla se hizo pequeña para las misas con los agrupados y fue preciso trasladarlas al salón de actos. En los márgenes de la Universidad existe ya prácticamente una manzana que es un baluarte de la Agrupación. Tal cosa evidencia fuerza, energía juvenil, iniciativa. Ya no resulta fácil desconocerlos.

Por otra parte, los cursos de periodismo van ofreciendo sus frutos. El sueño de formar comunicadores católicos, que el P. Rey tomó del P. Ángel Ayala se hace realidad en las diferentes publicaciones que van surgiendo. La primera y más duradera de ellas es

---

[125] JMH: *Agrupación Católica Universitaria*...p.53.

Esto vir, surgida en 1931 y resulta el taller en que se forjan los noveles periodistas. Al principio era sencillamente un boletín juvenil, desenfadado y no muy formal, pero con los años se convierte en un órgano de comunicación eficaz y no solo está dirigido al interior de la Agrupación, sino que tiene una mirada hacia el mundo, una respuesta para ciertas problemáticas sociales y políticas.

Con justicia señala Figueroa en su citadísima *Historia* un ejemplo notable en el número correspondiente a noviembre de 1946, que recoge una página brillante de Juan Antonio Rubio Padilla en defensa del Cardenal Arteaga —quien había recibido el capelo en febrero de ese mismo año— cuando este fuera atacado por elementos izquierdistas a causa de la Circular que publicara con motivo de la inauguración del curso en la Universidad de Santo Tomás de Villanueva. Esa respuesta era más importante porque no la escribía un agrupado cualquiera, mucho menos alguien encerrado en un templo y ajeno a la vida de la calle, sino un profesional que desde sus tiempos de estudiante fue miembro del Directorio universitario, participó en la lucha revolucionaria contra Machado y se incorporó a la labor política dentro del Partido Revolucionario Cubano (Auténtico) donde llegará a ocupar importantes posiciones oficiales.

Es esa savia nueva, donde el rigor profesional va de la mano con la espiritualidad y hay una verdadera encarnación en los problemas sociales desde una actitud apostólica, la que permite que aquel bisoño boletín continuara siendo la enseña de la ACU. Con los años varió su tono, su formato, su número de páginas, sobrevivió al tránsito a la eternidad del Fundador y aún a los conflictos con el nuevo gobierno a partir de 1959 que incautó su local e intervino sus prensas, pues renació en Estados Unidos, con otro formato, otro lenguaje, otros periodistas, continúa hasta hoy siendo uno de los más lozanos emblemas de la ACU.

Mucho más efímera fue la duración de otras publicaciones periódicas, surgidas a partir de alguna coyuntura social como *Futuro*, un periódico fundado por José Ignacio Lasaga en 1934 y dirigido al público estudiantil en el momento en que la Universidad estaba cerrada y que desapareció poco después cuando las circunstancias parecían normalizarse.

Algo semejante sucedió al año siguiente con *Amanecer*, una revista destinada a los colegios, así como con *Sin Trabajo*, que pretendía erigirse en el órgano de prensa de los barrios de indigentes, así como la efímera *Pa'lante* creada por la Academia Literaria.

En un momento determinado el P. Rey soñó con fundar lo que sería el gran semanario católico de Cuba y así nació en 1941 *Siempre*. Aunque tuvo buena acogida al principio, solo circuló durante unos meses porque el trabajo era agotador y exigía fuertes recursos económicos. La experiencia se repitió en 1944 con *Lumen*, que tuvo una vida más extensa pues duró hasta 1951: *Lumen*, que anhelaba tener carácter científico y circulación internacional. Sin embargo, su ambición por tener un alto nivel intelectual no solo redujo su número de lectores, sino que pronto resultaron insuficientes las colaboraciones de textos para sostenerla, aunque de ella nació, con menos ambiciones y más claro objetivo, *Lumen médico*.

En 1944 vio la luz una publicación mucho más modesta en su formato —solo cuatro páginas— titulada *Acción Cubana,* que, aunque dirigida por agrupados, contaba con colaboraciones de miembros de la Federación de Juventud Católica y de los Caballeros Católicos. Era de tema esencialmente político y en cierto modo resultaba vocera del grupo homónimo y por tanto compartió su suerte, languideció y desapareció, al quedar desgajada de la ACU donde muchos eran renuentes a cualquier tipo de actividad política práctica.

El mayor de los sueños del fundador no pudo cumplirse. Él ansiaba que la Agrupación poseyera un periódico católico de gran circulación que influyera, en nombre de la Iglesia, en la sociedad. Creyó que eso era posible con la compra del periódico *El Mundo*, pero en primer término no pudo reunirse todo el dinero necesario para su adquisición y en segundo lugar, algunos no lo secundaron al final porque les pareció una responsabilidad problemática. Todo quedó en los buenos propósitos.

Hoy, con la perspectiva de la historia podemos concebir esos tiempos como de preparación, de fogueo, para venideros, en la etapa que comienza tras el deceso de Rey de Castro, cuando el P. Llorente ponga en funcionamiento el Buró de Información y Propaganda (BIP) cuyos folletos tuvieron una cálida y polémica presencia no solo en el espacio eclesial cubano, sino en otras áreas de la sociedad y otros sitios del mundo. Estos, junto al inclaudicable *Esto vir*, fueron una auténtica prensa católica como por tanto tiempo se había ansiado.

La consolidación de la congregación puede aquilatarse también a través del espacio simbólico. El 15 de diciembre de 1936, en el solemne acto de toma de posesión de la presidencia de la ACU por José Ignacio Lasaga, se bendijo un gallardete que tenía inscrito el monograma de la Agrupación —las siglas de su nombre ACU, inscritas dentro de un escudo, colocado sobre una cruz latina—. Era su identificación, el emblema de su presencia en el espacio público.

Siete años después en 1943, conforme al engrandecimiento y expansión de la congregación, otra ceremonia sirvió para que se fijaran definitivamente sus símbolos identificativos: el gallardete se trasmutó en bandera —ambos habían sido diseñados y donados por el Dr. Virgilio Lasaga y Castellanos— y se cantó por primera vez el Himno de la Agrupación.

La letra del Himno fue compuesta por José Ignacio Lasaga y lograba con acertada síntesis mostrar la condición evangélica de la Agrupación, su condición de milicia de Cristo en un sentido muy ignaciano y mostrar los caminos de su apostolado: ciencia, oración, servicio y acción. La divisa de la asociación: *Esto vir*, cerraba la estrofa que servía como estribillo del texto:

Uno solo es el Jefe y Maestro
Uno solo el pensar y el sentir
Uno solo el esfuerzo y la meta
Nuestro lema uno solo: ¡Esto Vir!

Tiene Cristo una Cruz redentora,
Tiene Cuba una estrella de luz;
Hacia el Cielo elevemos la estrella
Y en la Patria sembremos la cruz.

Nuestra espada invencible la ciencia
Nuestro firme broquel la oración
El honor más preciado servir
El descanso: vivir en acción

Uno solo es el Jefe y Maestro
Uno solo el pensar y el sentir
Uno solo el esfuerzo y la meta
Nuestro lema uno solo: ¡Esto Vir![126]

Resulta significativo que la música para este fuera encargada al profesor, pianista, compositor y propietario de la emisora CMBN, Armando Romeu Marrero (Jibacoa, 1891 – Texas, EE.UU. 1990) —hermano del célebre creador de danzones Antonio María Romeu— quien en su juventud dirigió la Banda Municipal de Regla, luego tuvo a su cargo la Banda del Regimiento de Artillería hasta 1925, año en que fue designado conductor de la Banda del Estado Mayor de la Marina de Guerra, con el grado de teniente y luego promovido a capitán en septiembre de 1933. Estuvo al frente de esta agrupación hasta 1959. Eso explica que la composición tenga un sabor marcial, militar en el buen sentido del término, lo que

---

[126] José Ignacio Lasaga: "Himno de la Agrupación Católica Universitaria". *Programa de la Velada*...6 de mayo de 1943, p.4.

enfatizaba la visión de la Compañía de unidad y disciplina bajo la bandera de Cristo.

La velada tuvo lugar en la sede de la ACU —San Miguel 1111— el 6 de mayo de 1943, a las nueve de la noche. Básicamente fue un concierto de la Banda de la Marina dirigida por Romeu, que se inició, como era habitual, con las notas del Himno Nacional, a lo que siguieron las ejecuciones de la obertura de la ópera *Guillermo Tell* de Rossini, las *Escenas pintorescas* de Jules Massenet y la *Rapsodia húngara* de Franz Liszt por el pianista Mario Orlando Romeu González, hijo del director, acompañado por la Banda.

Tras esta primera parte se pasó al motivo central de la velada: se desplegó la bandera y se bendijo. El nuevo diseño era una enseña rectangular con tres franjas —dos azules con una blanca en el centro— en alusión a los colores de la Inmaculada Concepción y a los de la bandera de la nación y en lugar del triángulo, el gallardete con el escudo y la cruz. Inmediatamente se entonó por primera vez el Himno.

Después, el concierto continuó con ejecuciones para piano a cuatro manos a cargo de Mario Orlando y su hermana Zenaida Romeu González: *Capricho vienés* de Kreisler, *Sevilla* de Albéniz, *Invitación al vals* de Weber y la canción rusa *Ojos negros* en versión del compositor ruso-norteamericano Gregory Morris Stone.

A continuación retornó la Banda, para interpretar la «Fantasía cubana» compuesta por su propio director y como conclusión ejecutaron de nuevo el Himno de la Agrupación.

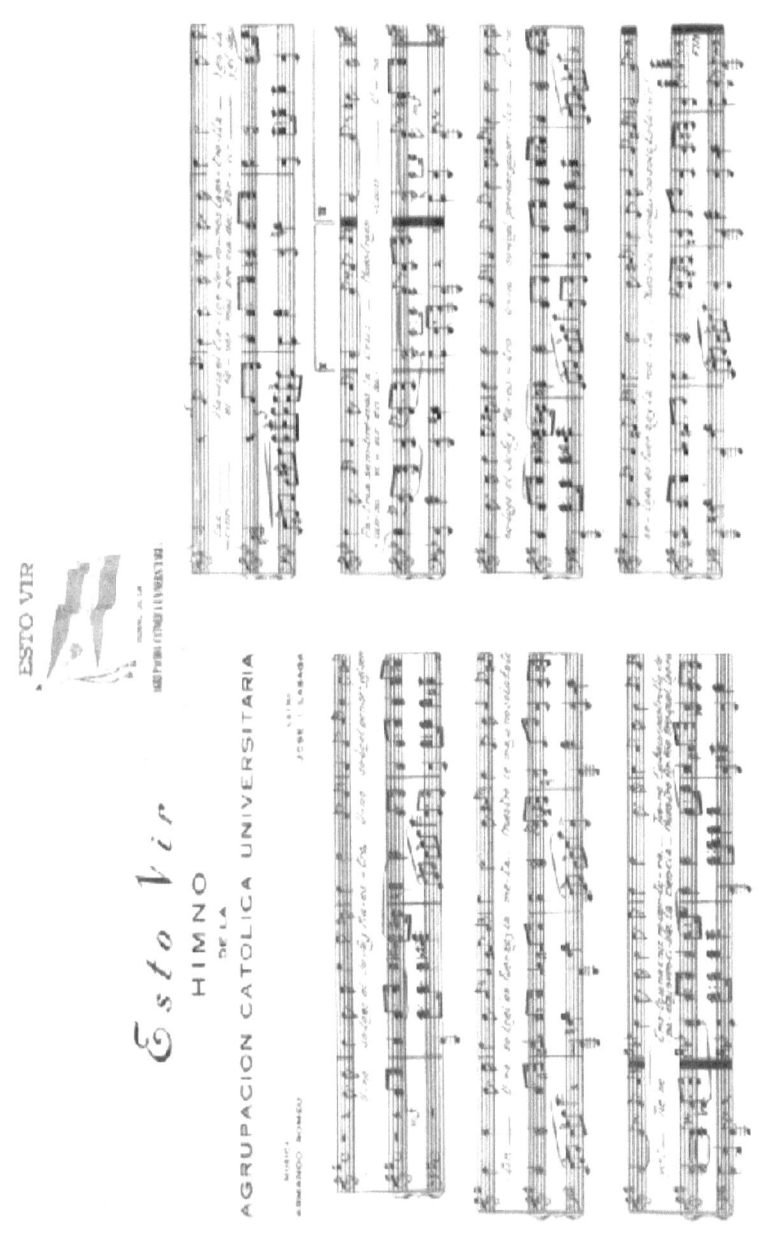

La muchedumbre que se congregó para el acto puede juzgarse por los cinco pliegos repletos de firmas que, junto al programa, se conservan en los archivos de la ACU y estos incluyen solo a miembros de la congregación presentes y no a sus familiares e invitados. El primero de ellos está encabezado por la firma del P. Rey de Castro y próxima a ella puede identificarse la del P. Gustavo Gonzalo Amigó Jansen SJ (1908-1986), jesuita cubano, que había hecho su profesión en La Habana en febrero de ese año y que a pesar de su relativa juventud, dados su capacidad intelectual y dinamismo, Rey había buscado para que lo auxiliara con el trabajo de la Agrupación. Junto a estas se distinguen las de algunos de los agrupados de más larga y relevante trayectoria: Ángel Fernández Varela, Jorge Casteleiro, Carlos Martínez Arango, Calixto García Rayneri, mientras que en otras páginas se distinguen las de Juan Suárez, Eduardo Boza Masvidal, Ignacio Warner y Sergio Álvarez Mena, entre otros muchos.

En octubre de ese mismo año se celebró la primera Asamblea Apostólica de la Agrupación, que fue presidida por el cardenal Manuel Arteaga y Betancourt. Se trataba de un balance de la labor desplegada por la congregación, un análisis de sus logros y también de sus aspiraciones y la presencia del prelado significaba nuevamente el espaldarazo a su fundador y a sus miembros. La Iglesia habanera y todavía más, la cubana, ofrecían su reconocimiento por las obras apostólicas que irradiaban desde su hermosa sede central.

Una muestra de la madurez y el camino recorrido por la ACU fue la decisión, a partir de la Asamblea de 1945, de otorgar los títulos de «Maestros de la Agrupación». Este reconocimiento se conferiría a agrupados que habían llegado a una especie de plenitud en su vida y ejecutoria. No era un premio concedido por antigüedad, o por fama intelectual, sino una distinción por su contribución a formar y fortalecer aquel baluarte de la fe. Los primeros en recibirlo fueron Ataulfo Fernández Llano y José I. Lasaga. Más adelante le sería concedido a otras figuras notables de aquellas filas como Armando Ruiz Leiro, José Sust, Ángel Fernández Varela, Marino Pérez Durán y René de la Huerta.[127]

Agrupado de Honor S.E.R. Cardenal Manuel Arteaga Betancourt, arzobispo de la Habana y director nacional de la Acción Católica dedica la ACU su primera asamblea Apostólica de Cristo Rey, 1943:

"...oigo vibrantes palabras que son semilla fecunda para un verdadero apostolado y contemplo la realización esplendorosa de esta obra brillante y prestigiosa que llega a su plenitud.

Justamente la Iglesia puede estar orgullosa... por la realización de esta gran obra que hace concebir esperanzas de un triunfo definitivo de la Iglesia".

Otro aspecto a destacar en el crecimiento de la Agrupación fue su voluntad de no quedar constreñida a los límites de su sede habanera. Por el informe realizado al finalizar el año 1939 tenemos

---

[127] Años después, cuando ya la ACU había encontrado refugio en los Estados Unidos se les otorgó a Ambrosio González del Valle, José Manuel Hernández Puente, Jesús León Núñez. Una interrogante no resuelta hasta hoy son las misteriosas razones por las que Juan Antonio Rubio Padilla, a pesar sus méritos excepcionales no recibió este título.

conocimiento de que de los 241 miembros se encontraban ausentes 31, 6 en otras partes del país y el resto en el extranjero. Por la misma fuente tenemos conocimiento de que se habían creado dos pequeñas agrupaciones en Estados Unidos que tomaban como modelo la ACU, una en New Orleans que tuvo corta vida y otra, de existencia más prolongada en Boston, gracias a la labor del congregante cubano Roberto Arellano, que tuvo cierto impacto en la iglesia local, sobre todo a partir de invitaciones para que el animador y otros miembros impartieran conferencias en parroquias y organizaciones religiosas.

Los agrupados que residían en el interior de Cuba, se vinculaban en sus territorios habitualmente con los Caballeros Católicos, asociación en la que algunos de ellos ocuparon cargos importantes, así como en el apostolado de la Compañía de Jesús, sin perder su contacto con la casa central a la que viajaban con motivo de ciertas reuniones o eventos o para realizar tandas de Ejercicios Espirituales. Sin embargo, la propia consolidación de la congregación fue motivando que se pensara en la creación de secciones en otras localidades del país, así, el 30 de noviembre de 1947 el Consejo de la ACU acordó la fundación de la primera en Camagüey, que estaría presidida por el agrupado Rafael Santa María.[128]

Gracias al testimonio del agrupado Juan Manuel Salvat podemos conocer los orígenes de la sección de Sagua, nacida pocos años después:

> En Sagua teníamos una Congregación Mariana muy pequeña cuando estábamos en el colegio Sagrado Corazón de Jesús de los jesuitas. Terminaba en sexto grado y después pasábamos a estudiar el Bachillerato en el Instituto de Segunda Enseñanza, en Sagua también. El Rector del Colegio era el P. Benigno Juanes SJ y tuvimos también un

---

[128] Figueroa: *Historia...* p.166.

magnífico maestrillo, P. Antonio Altamira SJ. Ellos nos hablaban de la ACU fundada por el P. Rey de Castro SJ en La Habana y de la importancia de los Ejercicios Espirituales de San Ignacio. Ambos fueron los mejores formadores que tuvimos en aquellos años. También el P. Marcial Bedoya SJ quien sustituyó a Juanes posiblemente en 1955.

Nos reunimos un grupo de amigos: Marcelino García, José Arenas, Aurelio Pérez y otros para formar un grupo que fuera al Calvario de La Habana a hacer un Retiro. Eso fue en 1952 (posiblemente en julio o agosto). Y lo hicimos ese año y continuamos haciéndolos cada año hasta 1956. Nos trasladamos a La Habana en la guagua del Colegio. No recuerdo quiénes los dirigieron. Uno de ellos fue dirigido por el P. [René] León Lemus y otro por el P. Francisco [José]Arnáiz [Zarandona].[…]

En 1952, después de nuestro primer Retiro, fundamos la Agrupación Católica de Sagua, inicialmente con unos pocos graduados de Sexto grado. Teníamos reuniones semanales los sábados y seguimos la celebración de las misas los domingos en la Iglesia del Colegio. Después teníamos un desayuno en el Colegio y seguíamos a dar, allí mismo, clases de catecismo.

La ACS continuó creciendo cada año con amigos que hacíamos en el Instituto y los nuevos graduados del Colegio. En 1959 tendría ya alrededor de 125 miembros. Sagua tendría entonces unos 36,000 habitantes.

[…]

Una de las actividades más importantes que logramos fue el Programa Radial, *Justicia Social*, todos los domingos en la estación de Sagua. Allí explicábamos la Doctrina Social Cristiana. Y del dicho al hecho acompañamos a los trabajadores sagüeros del azúcar en varias de sus huelgas pidiendo mejoras salariales.[129]

Lamentablemente este proceso de crecimiento se interrumpió, junto con el desarrollo general de la Agrupación a partir de 1959.

Un detalle interesante del año 1945 fue la decisión del P. Rey de adoptar una celebración cubana de origen laico: la Cena Martiana.

La primera de estas Cenas tuvo lugar el 27 de enero de 1926, en Manzanillo, por iniciativa de Juan Francisco Sariol, director de la revista *Orto* y cabeza de un renovador grupo literario de la localidad. Este hizo levantar un acta que esclarece cómo desde sus orígenes fue un paralelo con la Nochebuena cristiana:

> La noche del veinte y siete de enero de mil novecientos veinte y seis, reunidos los abajo firmantes, devotos admiradores de la obra patriótica, inmortal, del Apóstol de la Patria Cubana, José Martí, a invitación y en el local de la Revista Literaria Orto, que en esta ciudad es un gallardo paladín de los viejos e inmortales ideales de libertad y redención cubana, acordamos levantar la presente Acta para que perpetúe, como un recuerdo imborrable, el setenta y tres aniversario del natalicio del glorioso iluminado de «Dos Ríos», en este acto, que a semejanza de la Tradición cristiana, por el considerable parecido que tiene la epopeya de la independencia de Cuba con la redención del mundo pagano; hemos acordado llamar La Noche Buena Martiniana [sic] . Y en fe de ello, como ungidos del ideal y cruzados en la paz del amor a la memoria de nuestras reliquias patrias, invocando el nombre del Maestro.[130]

---

[129] Testimonio escrito de Juan Manuel Salvat.

[130] Eduardo Milián: "La Nochebuena Martiana". Consultado en Leer más: https://cuba-historia-y-valores-c.webnode.es/news/la-nochebuena-martiana1/ el 25 de octubre de 2022.

Resulta curioso que en esa misma fecha, en una localidad tan alejada de Manzanillo como Santiago de la Vegas, tuviera lugar una celebración semejante. La explicación más plausible es que en ambos casos los organizadores estuvieran vinculados con logias masónicas y que fueran éstas las que asumieran a partir de entonces tal festejo. Estas celebraciones no eran solo una comida en común, sino que contaba también con discursos, declamación de poemas, interpretaciones musicales y también se asociaban a ellas colectas o iniciativas benéficas como la «canastilla martiana» que debía obsequiarse al primer niño que naciera en la demarcación el 28 de enero. En ese sentido se erigieron en una especie de ritual cívico, que despertó la suspicacia de ciertos grupos católicos que lo veían como una sustitución profana —y hasta sacrílega— de la Navidad.

Con el tiempo estas celebraciones tendieron a perder su auténtico carácter, hasta el punto que el V Congreso Nacional de Historia, celebrado en 1946 recomendó sustituirlas por otro tipo de actos en homenaje a Martí. De todos modos, las cenas se siguieron celebrando en algunos sitios del país, como el propio Manzanillo y Santiago de la Vegas, hasta aproximadamente 1957. En 1960 el nuevo gobierno revolucionario decidió revitalizarla y encargó al Instituto Nacional de Ahorro y Vivienda (INAV), dirigido por Pastorita Núñez que organizara una cena y vigilia martiana gigante en la Plaza Cívica. No es extraño que el entonces obispo coadjutor de La Habana Monseñor Evelio Díaz asistiera, en gesto de buena voluntad, y tomara asiento junto al Primer Ministro Fidel Castro. Algunos feligreses lo consideraron una actuación polémica del prelado, pero quizá este recordara la iniciativa cristianizadora de la ACU.

Según Figueroa el P. Rey había tomado aquella decisión «con esa seguridad que le daba la posesión absoluta de la moral y el dogma católico, y aquella entereza de carácter que le hacía rechazar las repugnancias ñoñas y los temores injustificados, y le permitía actuar libremente en el sentido de la mayor conveniencia para la causa de Dios».[131] De inmediato, los médicos de la Agrupación adoptaron este acto y el mismo favoreció la organización de los Congresos Médicos que iban a propiciar.

Interpretado desde la actualidad, el gesto del P. Felipe mostraba su madurez pastoral. A diferencia de otros religiosos no cubanos, tenía la capacidad de conocer e identificarse con las cualidades positivas del medio donde iba a desarrollar su labor apostólica. Quizá no fuera un conocedor profundo de la obra de Martí, pero seguramente sus colaboradores cercanos lo habían instruido en la ejecutoria del prócer y le habían mostrado lo significativo que resultaba tanto en el ámbito de la cultura como en el espíritu cívico nacional. Si masones y agnósticos preferían enfatizar su rechazo a la Iglesia jerárquica, su laicismo, su talante liberal, la ACU —que era una organización muy cubana aunque naciera de los empeños de un español— asumiría al poeta de «la rosa blanca», al promotor de la «guerra sin odios», al que reconocía en los Evangelios la base de una moral que seguía siendo una norma en casi todo el mundo. Si las Cenas tenían hasta entonces el propósito de apartar o desconocer a la Iglesia, esta decisión significaba dialogar desde la fe con la figura de Martí y reafirmar la cubanidad del ser y hacer de la Agrupación.

No es que faltaran en la época otros ilustres representantes del clero español que mostraran una actitud semejante de inculturación hacia lo cubano, a la vez que cooperaban con iniciativas cívicas en espacios tradicionalmente ajenos a la Iglesia, es el caso del obispo gallego Monseñor Enrique Pérez Serantes y del poeta y sacerdote navarro Ángel Gaztelu, sin embargo estas eran figuras excepcionales y abundaban los miembros del clero hispano que ignoraban la existencia de una cultura cubana y hasta escarnecían desde sus aulas o púlpitos la memoria de los próceres insulares del siglo XIX que contribuyeron a separar a Cuba de la Corona española.

---

[131] Figueroa: *Historia*...p.158.

Si el Padre le hubiera concedido a Rey de Castro una más larga existencia en el mundo, hubiera podido multiplicar gestos como este. Con ello se anticipó a concepciones sobre la relación de la Iglesia con el mundo que solo se hicieron universales con el Concilio Vaticano II. Su audacia evangelizadora, como la del apóstol Pablo, lo llevó a encontrar nuevos areópagos.

XVI
El Padre Rey y la Agrupación por el mundo

Aunque el padre Rey de Castro mostró, a partir de su regreso a Cuba en 1931, la voluntad de consagrarse a la Agrupación y mantenerse siempre cercano a ella, el propio crecimiento de la congregación, así como su carisma para impartir los Ejercicios, lo obligaron más de una vez a viajar y a cultivar una forma especial de «relaciones internacionales» en la medida en que su obra ganaba alcance y prestigio fuera de las fronteras de la Isla.

El primero de estos viajes, después de la fundación oficial de la ACU ocurrió entre el 7 de junio y el 21 de agosto de 1931. En este período impartió Ejercicios en Santiago de Cuba y desde allí se trasladó con el mismo propósito a Puerto Rico y Santo Domingo. Precisamente, en la primera de estas islas comenzó a fraguar la idea de fundar una Alianza Católica Universitaria de Las Antillas. Sin embargo, no encontró apoyo en ninguna de las dos naciones vecinas para materializar el empeño y desistió de él a fines de 1933.

En 1932 dos agrupados, estudiantes de Ingeniería: Eusebio Azcue y Juan Magraner, participaron en la Convención de Estudiantes Católicos celebrada en México. En ésta se conformó el Secretariado Ibero-Americano de México, para el que fue elegido como Vocal Consejero de Cuba otro agrupado, Armando Reyes. Esto significaba que la Agrupación debía representar a los estudiantes católicos del país hasta que se fundara la Asociación Nacional que los reuniera.

De ese modo la ACU comenzó a resultar una referencia prestigiosa para otras naciones americanas. En mayo y noviembre de 1933 visitaron la sede de ésta estudiantes mexicanos miembros del Secretariado Ibero Americano. Y a los que lo hicieron en este último mes se les confió la representación de la Agrupación en el Consejo Iberoamericano de Estudiantes Católicos celebrado en Roma en diciembre. Allí, estos hicieron nuevas gestiones con los representantes de Puerto Rico y Santo Domingo a favor de la proyectada Alianza Católica Universitaria de Las Antillas pero no obtuvieron nada en concreto.

En ese propio año, el Secretariado General de Estudiantes Católicos de Uruguay pidió a la ACU datos que le permitieran orientar su trabajo de coordinar las asociaciones estudiantiles católicas en la Acción Católica de su país.

Cuando el Secretariado Iberoamericano se convirtió en Confederación (CIDEC), celebró congresos en 1938, 1940 y 1950, en este último estuvo representada la ACU por el agrupado Valentín Arenas Amigó.

En 1940 la ACU también estableció relaciones con la Juventud Masculina del Perú. Al año siguiente decidió adscribirse al movimiento católico internacional Pax Romana – tras deliberaciones que duraban desde 1935 y que solo concluyeron con las negociaciones que se mantuvieron con Rudy Salat, Secretario General de ésta, que visitó La Habana en 1941.

Esta organización había sido fundada en Friburgo, Alemania, en 1921, como una asociación internacional de estudiantes católicos. Originalmente su objetivo era acercar a los miembros de este dinámico sector social para socorrer a las víctimas de la Guerra Europea y promover un espíritu de paz y concordia basado en el dominio del pensamiento cristiano en Europa, concebido metafóricamente como una nueva «pax romana».

Es probable que las reservas iniciales de la ACU para afiliarse fueran semejantes a las surgidas en otras naciones, en tanto no quedaban claramente definidas sus relaciones con otras organizaciones juveniles católicas del mundo y debe recordarse que en

Cuba, la Agrupación trabajaba por ser reconocida como parte de la Acción Católica.

En el Congreso que Pax Romana celebró en Washington, en septiembre de 1939 quedaron oficialmente definidas las relaciones con la Acción Católica, esto, unido al nombramiento como nuevo presidente del español Joaquín Ruiz Jiménez Cortés, doctor en Derecho, de pensamiento neotomista y figura intelectualmente notable dentro de los jóvenes católicos hispanos —con quien el padre Rey debió de simpatizar— prepararon el ambiente para el acuerdo logrado con Salat en 1941.

Eso explica que Rey de Castro decidiera asistir personalmente al congreso de 1946, celebrado en España entre el 24 de junio y el 4 de julio. Al año siguiente, la Agrupación no pudo enviar delegado al nuevo congreso y México llevó su representación a la Asamblea Interfederal celebrada en Roma, donde tuvo lugar una especie de refundación en el que asumió el nuevo nombre de Pax Romana ICMICA/MIIC (The International Catholic Movement for Intellectual and Cultural Affairs/ Mouvement International des Intellectuels Catholiques) y estableció su sede en Ginebra.

En esa misma década, varios agrupados viajan a diferentes eventos católicos internacionales, aunque a veces lo hacen en representación de otra entidad, son difusores de la acción y espíritu de la ACU.

Es el caso del Marino Pérez Durán, quien en 1945, año en el que era Presidente de la Agrupación y Secretario de la Confederación de Colegios Católicos de Cuba, asistió al Congreso Interamericano de Educación Católica. En 1946 el agrupado Claudio Escarpenter encabeza una delegación al Congreso Internacional Mariano, que tuvo como sede a Barcelona. En 1949, José Ignacio Lasaga y Marino Pérez Durán asisten a la Segunda Semana Internacional de Acción Católica.

Mención aparte en la labor de «relaciones exteriores» merece un agrupado excepcional el Dr. Miguel Figueroa y Miranda (1907-

1993), abogado y diplomático quien, durante la Segunda Guerra Mundial debió desempeñarse como Encargado de Negocios de Cuba ante la Santa Sede, dada la ausencia del embajador Conde Nicolás Rivero. Por razones de seguridad debió residir dentro del recinto del Vaticano y esto no solo le permitió consultar la biblioteca y archivos vaticanos para sus investigaciones históricas, sino tener cercanía personal con SS Pío XII, lo que le permitió facilitar ciertas gestiones y dispensas necesarias para el establecimiento de la ACU, así como influir positivamente para que el arzobispo de La Habana, Monseñor Manuel Arteaga fuera creado cardenal en 1946.

En 1950 fue el último viaje a Roma del padre Rey de Castro. Asistió al Congreso de Promotores de las Congregaciones Marianas. Fue también su última visita a su tierra natal y a su familia. Salió de Cuba el 10 de abril y retornó el 9 de junio.

Por la carta de Sor Benita Castro que ya hemos citado antes, sabemos que en ese viaje, como en otros, visitó en Galicia a su anciana madre, Juanita Castro e inmediatamente después a su tía y a su prima en el convento benedictino de Cuntis, Pontevedra. De ese modo sabemos también:

> Varias veces nos ha dado retiros predicando con aquella unción que Uds. conocen: y el año 1950 ha querido, según nuestros deseos, dirigirnos los Stos. Ejercicios, pero una ocupación inesperada a que le llamó el R.P. Provincial por varios días, ha impedido llevarlo a efecto. Apreciaba mucho a esta Comunidad, donde era sinceramente querido y venerado. [132]

No sabía el religioso que al abrazar a su madre y a sus parientes lo hacía por última vez en este mundo. Queda como un enigma hasta la fecha por qué asuntos lo llamó el Provincial de León, del que dependían las comunidades jesuitas cubanas, que en aquel

---

[132] Carta de Sor Benita Castro a Jorge Casteleiro, 2 de abril de 1952, p.2.

momento era el P. Virgilio Revuelta Fernández, aunque muy probablemente se trataba de un intercambio amistoso sobre el congreso de Roma y la marcha de la ACU, a lo que debió añadirse la entrega de algún mensaje para el Viceprovincial jesuita de Cuba, P. Calvo.

Al parecer, tras su retorno a sede de la congregación todo marchaba bien, gracias al apoyo del Hermano Esteban Aguado Barbero (Burgos, 1927 – Villagarcía de Campos, Valladolid, 2020) quien era, desde 1947, su infatigable asistente y en ausencia del Director le sustituía en los asuntos ordinarios, mientras que en esta ocasión los directivos Carlos Martínez Arango y Álvaro León decidían sobre las cuestiones de cierta importancia de la ACU.

La vida en la sede iba en un ritmo de logros crecientes. En el mes de julio se bendijo el nuevo altar y la capilla del segundo piso quedó totalmente remozada, gracias al apoyo generoso de Jorge Casteleiro, quien, a partir de octubre de 1950 se hizo cargo de la presidencia. No sabía este que le tocaría, poco más de un año después ser timonel en un momento crítico y doloroso de la Agrupación.

El último viaje del padre Rey fuera de la Isla ocurrió a fines de 1951, pero la importancia de este merece un capítulo aparte.

XVII
La cruzada de la bondad del P. Lombardi y el P. Rey

En diciembre de 1951 llegó a La Habana un jesuita fuera de lo común el P. Ricardo Lombardi (Nápoles, 1908 – Roma, 1979). Era ya para esas fechas un predicador famoso por su elocuencia y su carácter persuasivo, se le conocía como «el micrófono de Dios». Cercano al papa Pío XII, este le encargó una amplia campaña en Italia para avivar a la fe cristiana que debía impedir que los católicos votaran por los comunistas en las elecciones de 1948.

No se limitó el religioso a cumplir con este encargo puntual, sino que descubrió que el talento que había recibido debía irradiar en el resto del mundo y ese fue el núcleo de lo que llamó la Obra o Cruzada de la bondad. Comenzó entonces una vida itinerante, de un continente en otro predicando en templos, en teatros, en espacios abiertos, congregando a multitudes e insistiendo no solo en el amor al prójimo, sino en la obligación que este tenía en el plano de la justicia social.

Dos testigos excepcionales los Siervos de Dios Chiara Lubich, fundadora del Movimiento de los Focolares y el P. Pedro Arrupe, General de la Compañía de Jesús, dejaron testimonios de su admiración por Lombardi. Ella aseguró: «El P. Lombardi era un hombre transparente, un idealista en un cierto sentido, un contemplativo. Oyéndole hablar parecía que emanaba de él un carisma. Se le podía comparar con un ermitaño o con un Juan Bautista que gritaba movido por el Espíritu. Era un enamorado de la

Iglesia…El P. Lombardi conmovía cuando nombraba a Jesús».[133]

Por su parte, Arrupe, que en sus últimos años puso un empeño especial en la opción fundamental de la iglesia por los pobres, había quedado marcado por las predicaciones de su hermano jesuita: «Más allá de las dimensiones impresionantes del 'movimiento' suscitado por su predicación pública, más allá de los hechos sucedidos en la Obra por él fundada, el P. Lombardi ha sido un hombre que supo comunicar a muchas personas el amor a Jesús sobre todas las cosas, el deseo urgente de hacerle conocer, de hacerle reinar».[134]

La Habana de diciembre de 1951 no era exactamente el escenario ideal para el P. Lombardi. El país vivía un momento de recuperación económica y, a pesar de los defectos que pudiera tener el gobierno democrático de Carlos Prío, la capital era una especie de vitrina del bienestar del país. Las clases altas y medias vivían una vida confortable y la Iglesia podía exhibir la edificación de templos nuevos e imponentes como: San Antonio, Santa Rita y Jesús de Miramar; había una fuerte satisfacción con el progreso de la enseñanza religiosa de la que eran emblemas colegios como los regidos por jesuitas, Hermanos de La Salle, Maristas, Dominicas Francesas y Madres del Sagrado Corazón. El titular de la sede habanera había sido creado cardenal desde 1946. Era difícil en ese ambiente detenerse en las desigualdades sociales y mucho menos pensar que aquella sociedad e iglesia satisfechas tuvieran los días contados.

El periodista Juan Emilio Friguls, quien tenía a su cargo la página católica del *Diario de la Marina*, dedicó una extensa columna al anuncio de la visita del célebre predicador, prevista entre el 6 y el

---

[133] "El Padre Lombardi, S.J.". *Por un mundo mejor. Servicio de animación espiritual*. Página web consultada el 24 de noviembre de 2022 en http://www.porunmundomejor.com/wordpress/somos/el-padre-lombardi/

[134] Ibidem.

12 de diciembre, aproximadamente. Esta debía comenzar por su participación, entre los días 6 y 9 en el anunciado Congreso Eucarístico de Matanzas, para trasladarse después a La Habana.

A continuación, inserta varios párrafos tomados de un texto del padre jesuita José Antonio Romero[135] que resumen la labor de Lombardi, primero como profesor y orador en Italia y luego, la extensión de su «Cruzada de la bondad» al resto de Europa — Alemania, Austria, Holanda, Bélgica, Francia— y también en Estados Unidos —New York y Washington. Destacó además sus alocuciones radiales desde las más importantes emisoras italianas. Señaló que en el centro de sus exhortaciones estaba iluminar la historia con la presencia de Jesús como única posibilidad de realización en el futuro de la humanidad y la preocupación por la justa distribución de las riquezas entre todos los hombres.[136]

A pesar de que la familia propietaria del periódico era católica y tenía excelentes relaciones con la Iglesia jerárquica así como con las principales congregaciones religiosas presentes en Cuba, la presencia de Lombardi no gozó de la cobertura esperable. Hemos podido localizar, como excepción, una brevísima reseña ubicada en el suplemento *7 días en la República* que acompañaba al *Diario* en su edición del 16 de diciembre de ese año y aparece sin firma, aunque probablemente se debiera al mismo Friguls. Esta no necesita demasiados comentarios:

> La semana tuvo para el catolicismo habanero una jornada de predicación popular. Un jesuita famoso por su verbo apostólico, el padre Ricardo Lombardi, fue el encargado de hacer llegar, a través de su «Cruzada de la bondad», el mensaje de salvación, de retorno a la Verdad y al Bien, que miles de habaneros escucharon primero desde la

---

[135] P. José Antonio Romero SJ (1888-1961). Se destacó en México como publicista católico. Fundador en 1937 de la Obra Nacional de la Buena Prensa.

[136] Juan E. Friguls: "El Padre Lombardi y Cuba". *Sección Actualidad Católica. Diario de la Marina*, 14 de noviembre de 1951, p.8.

Catedral y después desde el moderno templo de Santa Rita y en el local de la Anunciata.

Aunque el auditorio nunca satisfizo por su número al predicador —acostumbrado él a muchedumbres hasta de medio millón de oyentes— los sermones del padre Lombardi fueron un éxito, uno más a anotar en el periplo apostólico que viene realizando el incansable hijo de San Ignacio por tierras de Europa y América.

La justicia social, la derrota del pecado, el regreso, el gran retorno a la vida cristiana, vivida y sentida en su plenitud, fueron puntos esenciales de la predicación del padre Lombardi, quien el miércoles, tras su sermón en la Catedral, tomó el avión para Venezuela, donde a estas horas estará, como nuevo Pablo, predicando el mensaje del Evangelio.[137]

Sabemos por el propio *Diario* de la llegada del ilustre invitado el día 7, procedente de México. El breve suelto señala que predicará en el Congreso Eucarístico de Matanzas el sábado 8 y el domingo 9, mientras que, a partir del lunes 10, desarrollaría otro programa en La Habana.[138]

El evento matancero se desarrolló, según las crónicas que hemos leído, con todo el esplendor posible. Fue inaugurado por el Cardenal Arteaga y a lo largo de él, en sus misas y concentraciones públicas pronunciaron sermones o discursos varios de los obispos cubanos, así como líderes laicos.

Es llamativo que no hayamos encontrado un realce particular para las intervenciones de Lombardi, quizá, como ocurre en muchísimos eventos, éstas se celebraron simultáneamente con otras

---

[137] "El Padre Lombardi". *7 días en la República, p.6. Diario de la Marina,* domingo 16 de diciembre de 1951.

[138] "Llega hoy el famoso predicador sagrado Padre Lombardi". *Diario de la Marina,* viernes 7 de diciembre de 1951, p.1.

actividades y la prensa no centró particularmente la atención en ellas. Como resulta muy humano en estos casos, quizá comenzó allí la irritación del invitado, al descubrir que no era el centro del evento y eso explicaría un tanto el tono del único fragmento de discurso suyo que hemos podido localizar, citado por el Dr. Ramón Torreira Crespo —historiador no católico— en su trabajo «Breve acercamiento a la historia de la Iglesia católica en Cuba: conquista, colonización y pseudorrepública», quien afirma haberlo tomado de la publicación *Duc in altum* [Rema mar adentro], aparecida en diciembre de ese año. Sorprende el tono exaltado de la declaración y las opiniones vertidas sobre una Iglesia con la que solo había tomado contacto hacía pocas horas:

> Cuba es un país de clima muy caliente, pero de un cristianismo muy frío y bastardo. Aquí se ama mucho la comodidad y la riqueza. Las autoridades se vendan los ojos con intereses creados... La prensa capitalista y reaccionaria se ampara en la Cruz de Cristo... La Iglesia, como doctrina en acción, vive en la cerca. Falta unidad. La campaña comunista ataca a Dios. El capitalismo hipócrita y avasallador hace de Dios un escudo y de la Cruz un báculo para llegar a la cima de su egoísmo. La Acción Católica es desunida y anémica, cuando no desvirtuada y nula.[139]

Era un tono profético, pero abiertamente provocador y sus juicios difícilmente podían brotar de experiencias propias, muy probablemente los formulaba a partir de comentarios que alguien deslizó en sus oídos. Los denuestos contra la Acción Católica resultaban absolutamente errados.

Una nota, también publicada en el Diario dirigida a la Rama C de la Acción Católica por las Damas de Acción Católica, contiene el

---

[139] Cf. Dr. Ramón Torreira Crespo: "Breve acercamiento a la historia de la Iglesia católica en Cuba: conquista, colonización y pseudorrepública". Consultado el 3 de noviembre de 2022 en: http://biblioteca.clacso.edu.ar/ar/libros/cuba/cips/caudales06/fscommand/52T13.pdf

programa del sacerdote en La Habana. Invitan en especial a «la del 10 de este mes, a las 8:30 am en la Catedral, que está dedicada a los dirigentes y elementos de la Acción Católica y demás asociaciones adheridas. Las otras conferencias para las que también se invita serán el día 11, a las 8:30 pm en la iglesia de Santa Rita de Miramar, para el pueblo en general, y el 12 a las 8:30 pm en la Catedral, también para el pueblo».[140] A esto habría que añadir la conferencia en la Anunciata, nombrada por Friguls, que posiblemente no estuviera en el plan inicial pero quizá fuera solicitada por el P. Esteban Ribas, director de la congregación o sencillamente por los miembros de la comunidad jesuita de Reina.

Fue una estancia demasiado corta, que pudo estar asociada con la decepción que el orador tuvo por la acogida del público, como da a entender el periodista y como confirmará el propio Lombardi poco después, en un fragmento recogido por el Dr. Rubén Darío Rumbaut, un destacado psiquiatra y dirigente de la Acción Católica, en su artículo «Una visión profética de Cuba» publicado en el *Semanario Católico* en julio de 1953:

> La nación en que menos ha repercutido mi cruzada es Cuba. Hay en ella tal abundancia de dones, tal riqueza, tal facilidad de vida, que las clarinadas de anuncio y de llamada resbalan sobre sus gentes. Fuera de algunos núcleos selectos, y de los sectores humildes y miserables, Cuba vive bajo el signo de la frivolidad. Aun no comprenden el drama del mundo, y aun tienen que pagar su cuota de dolor, como la han pagado y la están pagando ya casi todas las naciones contemporáneas.[141]

No es difícil imaginar que la audiencia de aquellos sermones, selecta pero no multitudinaria, estaba conformada por algún

---

[140] Damas de Acción Católica: "Aviso de la Rama C de Acción Católica Cubana". *Diario de la Marina*, viernes 7 de diciembre de 1951, p.22.

[141] Fernándes Santalices: *Presencia en Cuba del catolicismo, p.* 73.

representante de la Jerarquía, los miembros de la Compañía, algunos alumnos de Belén, un buen número de congregantes de la ACU y la Anunciata, dirigentes y miembros de las distintas ramas de la Acción Católica y cierto número de feligreses interesados.

Sabemos de la asistencia a aquella predicaciones de algunos laicos que pronto devendrían prestigiosos intelectuales, entre ellos los poetas Fina García Marruz y Eliseo Diego y el crítico de cine Walfredo Piñera, quienes años después dejaron diversos testimonios de la profunda impresión que les había hecho el orador y la influencia que ejerció en su acercamiento a un «cristianismo social».

Los asistentes eran el fermento evangélico y no la masa. Representaban las fuerzas vivas de la Iglesia, no aquella mayoría que se declaraba católica pero estaba ajena a cualquier compromiso apostólico. Lombardi, al hacer su amarga profecía ignoraba que había tenido una audiencia selecta y receptiva, aunque el número no halagara el amor propio de quien convocaba «muchedumbres».

Sabemos que el P. Rey asistió a las conferencias y que estas le impresionaron vivamente. Esto resulta llamativo, porque el contenido central no era demasiado novedoso para él, si tenemos en cuenta que su método de formación para los agrupados ponía la Doctrina Social junto la espiritualidad ignaciana y no era aventurado temer el que el tono exaltado del predicador —prejuiciado ya, por las razones que fuera, con la Iglesia cubana— motivara en él rechazo o indiferencia. Pero ocurrió todo lo contrario.

En primer término, según Figueroa, en esos momentos la cuestión social le interesaba cada vez más al jesuita. De hecho el tema de la Asamblea Apostólica de la ACU, celebrada en el anterior mes de octubre tenía como tema «Problemas del obrerismo en Cuba». Había manifestado varias veces a los agrupados que era necesario sensibilizarse con esos asuntos y procurar influir en su medio sobre ellos.

Había sido testigo de cómo algunos de sus muchachos llegaban a posiciones políticas apreciables —Juan Antonio Rubio Padilla, Ángel Fernández Varela— y las desempeñaban sin sacrificar la ética cristiana, pero quizá había topado con una dificultad en su programa de «formación de los selectos». Aquellos nacidos y educados en una vida acomodada podían ser caritativos y hasta empeñarse en un apostolado como el de Las Yaguas, pero no era fácil que «sintonizaran» con la raíz de las desigualdades sociales y se enfrentaran a la filosofía del «confort» y del disfrute despreocupado. No era una cuestión de influencias políticas, sino la necesidad de una verdadera conversión cristiana en la sociedad.

Por eso el tono profético de Lombardi lo tocó profundamente, no solo por el carisma de éste, sino porque —al parecer— el hecho de que actuara como un enviado de Pío XII lo convertía en alguien que procuraba llevar a la práctica el pensamiento social del pontífice.

No hay que desechar la posibilidad de que ambos hijos de San Ignacio conversaran en privado y que eso despertara una corriente de simpatía entre ambos. De hecho, en este caso no surgieron las prudentes reservas que en el fundador de la ACU habían despertado los procesos de adhesión a la Acción Católica o a Pax Romana. De forma inmediata quiso que él y los suyos quedaran vinculados a la «Cruzada de la bondad».

Eso explica que acordara con el predicador asistir a una reunión que éste convocaría en Bogotá —destino siguiente después de su visita a Venezuela— con delegados de varios países de América Latina, en los primeros días de 1952.

Rey de Castro no viajó solo, hizo que le acompañaran los agrupados más sensibles a las cuestiones sociales y políticas, no solo los experimentados Juan Antonio Rubio y Ángel Fernández sino otros más jóvenes y prometedores como Ignacio Warner y Manuel Artime. Junto a ellos viajó uno de los líderes de la Acción Católica, Rubén Darío Rumbaut quien lo describió después como «ágil, alerta, incansable, sorprendente joven, charlando con nosotros en los rincones sobre el 'Mundo Nuevo».[142]

Un excelente testigo de aquellos tiempos, Miguel Figueroa, describe la sorprendente reacción del Director de la Agrupación a partir de la reunión con el sacerdote italiano:

> Su encuentro con el P. Lombardi fue un fuerte impacto que reanimó en él todas las energías, las esperanzas, y la frescura de los años mozos, pero el hervor de aquel entusiasmo, y la exaltación que le produjo el escuchar los planes amplísimos, que él mejor que ningún otro de los presentes podía comprender y sentir, causó en su espíritu tan lógicamente estructurado y donde había tanta honradez, una profunda conmoción que lo llevó a revisar la obra realizada hasta ese momento en la Agrupación, y a concluir que era preciso darle una mayor orientación social.
>
> «Ha llegado la hora», solía repetir en esos días, «de la lucha social de la Iglesia, y hay que empezar por dar conciencia social a nuestros católicos».
>
> Preocupadísimo con estas ideas regresó a la Habana el 7 de enero, y en seguida comenzó a estudiar nuevos planes de acción que nunca terminó y que jamás llegó a revelar a nadie.[143]

Precisamente el autor de la *Historia de la Agrupación Católica Universitaria* descubrirá pronto en el desarrollo de las actividades de la Agrupación en aquel mes de enero y los primeros días de febrero, las huellas de aquel encuentro en Colombia. No solo recuerda que lo evocó en la última de las reuniones del Círculo Ascético a la que asistió, sino que insertó ideas tomadas de él en la meditación del retiro que dirigió en enero, centrada en «Los apostolados fecundos» del P. Ayala y, muy especialmente, en su última

---

[142] Figueroa: *Historia...* p.169.
[143] Ibidem.

plática dominical —el domingo 10 de febrero— donde cuestionó a «una sociedad que hace gala de su materialismo egoísta y que, fustigada por un liberalismo explotador, pisotea la justicia social, llevando a la miseria a millones de seres infelices».[144]

Como afirma otro destacado agrupado, el Dr. José Manuel Hernández en su libro *Agrupación Católica Universitaria. Los primeros cincuenta años*: «No es improbable, pues, que al regresar a La Habana (7 de enero de 1952) estuviera rumiando la posibilidad de revisar la obra realizada hasta entonces por la Agrupación e impartir a ésta una orientación social más marcada. Pero si esto era en verdad lo que se proponía nunca llegó a comunicárselo a nadie».[145]

Quizá en los inescrutables designios divinos estuvo colocar a Cuba en la ruta del P. Lombardi, para que, a pesar de la indiferencia de las mayorías, el fundador de la ACU procurara completar su obra y alertar a sus apóstoles antes de su partida. Él era parte viva ya de aquella «Cruzada de la bondad».

---

[144] Ibidem.

[145] J.M. Hernández: *Agrupación*...p.63.

XVIII
El camino hacia el Padre

Al referirse a los días que siguieron al retorno de Bogotá, Figueroa escribe un pasaje inquietante y no poco enigmático:

> Como si la entrevista de Bogotá no hubiera causado en él suficiente angustia, a su llegada a La Habana le esperaban una serie de problemas, todos graves y algunos muy complejos, que tocaron en lo más íntimo su afectividad y le causaron hondas preocupaciones y serios temores sobre el porvenir de algunas de sus ilusiones más acariciadas; turbando con su presencia la calma que necesitaba para valorar serenamente los resultados positivos obtenidos hasta entonces por su obra al tratar de encausarla en el derrotero señalado por el P. Lombardi.
>
> Fueron estas contrariedades y disgustos la corona de espinas que remató la historia de abnegación y sacrificio constante de su vida.[146]

¿De qué naturaleza eran esos problemas «graves» y «complejos»? He compartido esa duda con otras personas cercanas a la ACU en lo personal o por ser conocedores de su historia, todos compartieron su perplejidad conmigo. El Director solo había estado ausente unos días y había dejado a cargo al presidente Jorge Casteleiro y al hermano Aguado, ambos gozaban de su extrema confianza y no parecía haber surgido nada nuevo entre las paredes de la sede de la Agrupación. En cuanto a la comunidad de Reina, aunque

---

[146] Figueroa: *Historia*…p.170.

siempre hubo allí voces discordantes sobre esa obra, el P. Rey era ya en esas fechas no solo uno de los miembros más antiguos y distinguidos de ella, sino que gozaba del apoyo del Viceprovincial P. Calvo.

Nada hemos hallado en los documentos revisados que nos ilustre en este asunto. Sin embargo me atrevo a conjeturar que los problemas hallados a su retorno por el P. Rey muy poco diferían de los que había dejado al partir y a lo largo de su vida había demostrado una fe y energía especiales a la hora de tomar decisiones sin abandonarse al pesimismo o a la indecisión.

Quizá lo que sucedía era que miraba a su obra con ojos nuevos y ansioso de verla perfecta a la luz de los ideales del «Mundo Nuevo» la encontrara insuficiente. Lo mismo había sucedido a muchos santos en la historia de la Iglesia, sintieron que las congregaciones o instituciones apostólicas que fundaron y alentaron eran defectuosas a la luz de consejos evangélicos. En busca de la santidad no toleraban la mediocridad y contemplando la grandeza de Cristo tenían en nada todo lo que habían edificado.

A esto habría que añadir un detalle de carácter médico. Quien viaja a Bogotá procedente de ciudades ubicadas más cerca del nivel del mar, sufre el cambio de presión atmosférica, a causa de la altitud de ese lugar. Tal cosa —como experimentó hace unos años quien esto escribe— no solo produce el efecto conocido como «soroche» cuyo síntoma esencial es un agudo y persistente dolor de cabeza, sino que, según la constitución de cada individuo, puede provocarle un aumento de la tensión arterial, dificultades respiratorias y trastornos cardíacos. Para lograr una adecuada adaptación a esas condiciones geográficas es necesario permanecer allí al menos dos semanas, aunque otros requieren más tiempo.

El P. Rey estaba aparentemente sano y no era hombre de dedicar demasiado tiempo a consultas médicas. Si tenía alguna propensión a la hipertensión arterial, en su estancia colombiana ésta debió agudizarse. Inmerso en las emociones de la reunión no prestó atención a ello. Seguramente a su retorno tampoco se preocupó por chequear su salud. Y como es sabido, los trastornos hipertensivos, así como los cardíacos, pueden facilitar estados depresivos. Quizá muchas de las amarguras de los últimos días del sacerdote no fueron causadas por problemas nuevos, sino por el enfoque que dio a ellos su carácter imperioso y tenaz en medio de un estado de depresión que desconocía y mezclaba con la desolación espiritual. Es probable que un cuadro físico de ese tipo fuera la causa material que lo llevara a su inesperado deceso.

A pesar de esto, no hemos encontrado noticias en aquellos días de que el P. Rey hablara sobre su salud con alguno de los destacados especialistas que eran además agrupados de su entera confianza como los galenos Juan Antonio Rubio, Armando Ruiz Leiro o Sergio Álvarez Mena, mucho menos procuró la experiencia psicoanalítica de José Ignacio Lasaga. En vez de eso, se encerró a trabajar febrilmente como acostumbraba y nadie le otorgó demasiada importancia. No era la primera vez que, preocupado por algún asunto, se mostraba poco comunicativo y hasta hosco por varios días y no toleraba que lo interrumpieran cuando estaba meditando o trabajando.

Ángela Domingo, cronista del diario *Información*, recuerda los planes y comentarios del Director en esos días:

> [...] hablaba con el reverendo Hermano Aguado y otros agrupados sobre sus planes de acondicionar un tercer piso al edificio de la Agrupación Católica Universitaria. No hace aún muchos días lo vimos presidiendo la junta general de las Congregaciones Marianas Femeninas en la cual anunciaba su proyecto de celebrar un grandioso congreso mariano aquí en La Habana para conmemorar el bicentenario de la constitución de las Congregaciones Marianas Femeninas, escogiendo el mes de mayo para dicho evento por coincidir con la llegada a esta capital de la imagen de Nuestra Señora de la Caridad del Cobre. Se proponía honrar a la Virgen con una magna procesión con carrozas

presentando alegorías del rosario y a la cual iba a invitar a las diferentes asociaciones de Hijas de María establecidas en La Habana así como a las federadas de la Juventud Femenina de Acción Católica Cubana.[147]

Así llegó el día final de su existencia en el mundo. Preferimos tomar del libro de Figueroa la transcripción que hace éste de la página del diario de la Agrupación que da cuenta de aquellas amargas horas. Aunque se trate de un relato esquemático, sin adornos, resulta mucho más verídico y conmovedor que una re-creación literaria de las circunstancias:

> El día 12 (de febrero de 1952) por la mañana el P. Rey dijo la misa y desayunó como de costumbre; a las 11:30 el H. [Esteban] Aguado le llamó para ir a Reina a almorzar, a lo cual le respondió que pensaba quedarse en la Agrupación ese día, lo cual era frecuente en él.
>
> De vuelta el H. Aguado, acompañado del H. [Víctor] Ibáñez y del P. Mariano Ruiz, preguntó por el Padre, a lo que se le respondió que el P. Rey no contestaba en ninguno de los cuartos que solía habitar. Al H. Aguado no le llamó tampoco la atención toda vez que el Padre tenía la costumbre de no contestar cuando estaba atareado con algún asunto importante.
>
> Pasada media hora, un empleado vio la luz en el baño y ya entraron sospechas de que algo había pasado al P. Rey. Avisado el H. Aguado éste entró por la ventana, encontrando al P. Rey muerto en la bañadera. Se calcula por la hora en que el Padre entró a bañarse que murió a las 11:50

---

[147] Ángela Domingo: "Reverendo Padre Felipe Rey de Castro, S.J". *Vida Católica, Información*, 14 de febrero de 1952, p.10.

minutos aproximadamente, encontrándole muerto dos horas y media después.[148]

No es preciso describir el estado de estupor ante aquella muerte súbita, que muy pronto se fue transformando en un profundo pesar. La crónica, sin embargo se atiene estrictamente a los hechos:

> Inmediatamente el Dr. Juan Ascanio y otros agrupados que se encontraban en la Agrupación, lo sacaron y amortajaron inicialmente. El H. Aguado fue a buscar al Dr. Armando Ruiz Leiro y al P. Teodoro Bercedo, Superior de Reina. Se avisó inmediatamente a los agrupados, hallándose una gran parte momentos después junto al cadáver.
>
> Se le amortajó con los ornamentos sacerdotales color morado. Se colocó el cadáver en el Salón de los Actos, donde miles de personas visiblemente emocionadas, acudieron a ver por última vez a su querido Padre.[149]

Aun antes de que la prensa pudiera publicar las esquelas fúnebres o se trasmitiera el aviso a las principales comunidades religiosas, la noticia se difundió en la ciudad. La muchedumbre que desfilaba ante el féretro se fue nutriendo más en la medida en que transcurrían las horas restantes del día 12.

A la una de la madrugada del 13, el P. [Ceferino] Ruiz, Rector del Colegio de Belén dijo la primera misa en el salón, abarrotado de agrupados. A las 5 AM celebró el P. [Gustavo] Amigó, a las 6 AM Monseñor Belarmino García Feito, a las 7 AM el P. Enrique Oslé, a las 8:30 el P. [Teodoro Bercedo] Superior de Reina, a la

---

[148] Figueroa: Historia...pp.170-171. En la noticia publicada por el *Diario de la Marina* al día siguiente se precisa que los doctores Ceferino Catá y Juan Ascanio, agrupados presentes en el momento de ser hallado el cadáver fueron los que certificaron que había fallecido de "un síncope cardíaco" y calcularon la hora aproximada del deceso.

[149] Figueroa: *Historia*...p. 171.

que asistió la comunidad del Calvario y varios centenares de personas.

> Durante el día un continuo gentío acudió a la Agrupación; las altas autoridades eclesiásticas, representaciones de las órdenes religiosas, Acción Católica, etc.[150]

El *Diario de la Marina* en su edición del día 13, colocó la noticia en su primera página, el titular decía «Hondo sentimiento de pesar por la muerte del R.P. Rey de Castro» y subtitulaba así: «Fundó la Agrupación Católica Universitaria y promovió los Retiros» —ambos empeños eran el resumen de toda una vida—. La página 6 de ese número acogía algo no habitual en una publicación periódica: cinco esquelas dedicadas al P. Rey: la de la Compañía de Jesús, la de la Agrupación Católica Universitaria, la de la Asociación de Estudios Médicos, una perteneciente a la Unión de Universitarias Católicas y la correspondiente a la Federación de Congregaciones Marianas Femeninas de Cuba. Tal cosa solo ocurría con ciertas notables figuras públicas del campo de la política, la ciencia, las artes o el mundo de los negocios. A estas habría que añadir las publicadas ese día o el siguiente en diarios de gran circulación como *El País*, *Información* y *El Mundo*.

Un detalle llama la atención en esas esquelas y es que todas —incluida la de la Compañía— señalan que falleció «después de recibir los santos sacramentos y la bendición papal». Sabemos que el deceso fue repentino, de modo que Rey de Castro no recibió la extremaunción y el Santo Viático, como un enfermo. Pero si recordamos que celebró misa al iniciar el día, sabemos que consagró y comulgó y en cuanto a la «bendición papal», si no le fue impartida en su hora final, en muy diferentes ocasiones el Santo Padre Pío XII se la dispensó, bien en las asambleas a las que asistió en Roma, bien en comunicaciones epistolares. Lo que los redactores escribieron valiéndose una lógica que no se atenía a los

---

[150] Ibidem.

hechos históricos, era estrictamente verdad desde el punto de vista espiritual.

Otro detalle significativo es que en esas esquelas se reiteraba algo tradicional en los funerales católicos: «Se ruega no envíen ofrendas florales. Se agradecen misas». Una conmovedora excepción fue la de los vecinos del barrio Las Yaguas, quienes no sabían, ni querían atenerse a lo establecido y enviaron una ofrenda en forma de cruz compuesta por rosas blancas. Ellos querían honrarlo y mostrarle su agradecimiento como hacían con sus difuntos más queridos y para ello juntaron centavo a centavo. Era, como el óbolo de la viuda del Evangelio, una ofrenda grata a los ojos de Dios.

En la concurrencia a las honras fúnebres, además de los miembros de la Compañía y de la Agrupación, se encontraban laicos destacados como el Dr. Valentín Arenas Armiñán, Presidente Nacional de los Caballeros Católicos de Cuba; Dra. Margarita López, Presidenta de la Casa Cultural de Católicas; Miguel Suárez, Presidente Nacional de Acción Católica; Dr. Andrés Valdespino, Presidente del Consejo Nacional de la Juventud Masculina Católica; así el Coronel Alberto de Carricarte, el Dr. Julio Morales Gómez y América Penichet, entre otras muchas personalidades.

El amplio cortejo fúnebre partió de la sede de la Agrupación a las cinco de la tarde del 13 de febrero, rumbo al Cementerio de Colón. El periodista católico Juan Emilio Friguls lo calificó como «una de las manifestaciones religiosas de duelo más grandes que ha presenciado La Habana en los últimos años».[151]

Las fotos que se conservan muestran una impresionante multitud de concurrentes. Hubo amplias representaciones de los colegios Baldor, Belén, de la Escuela Electromecánica y del barrio Las Yaguas. El *Diario de la Marina* no se contentó con enviar a un

---

[151] Juan Emilio Friguls: "Parte importante del florecimiento católico de Cuba se debe a la obra del Padre Rey de Castro". *Diario de la Marina*, 14 de febrero de 1952, p.1.

periodista, sino a nutrida representación de su personal, encabezada por su director José Ignacio Rivero Hernández, su hermano, el administrador Oscar Rivero Hernández y el jefe de redacción Gastón Baquero, entre otros. También las Damas Isabelinas enviaron una delegación, encabezada por su Gran Regente, Consuelo Morillo de Govantes.

Estaban presentes desde luego, no solo la gran mayoría de los agrupados, sino también las conmovidas muchachas de *Rosa Mística*. Entre los sacerdotes y religiosos presentes no solo estaban los miembros de la Compañía y aquellos pertenecientes a la Agrupación —como Eduardo Boza Masvidal, párroco de La Caridad y Juan Suárez, párroco de Madruga— sino también otros miembros del clero secular y representantes de los religiosos franciscanos, capuchinos, pasionistas, paúles, redentoristas, claretianos, marianitas, lasallistas y hermanos de San Juan de Dios. Más allá de cualquier diferencia humana, la Acción Católica estaba allí a través de la presencia de su presidente Miguel Suárez y miembros de casi todas sus ramas.

Al llegar al cementerio la fúnebre comitiva se detuvo ante la capilla central, donde ofició el último responso Mons. Alfredo Müller San Martín, obispo auxiliar de La Habana, en representación del arzobispo Cardenal Manuel Arteaga y Betancourt. Después, los restos mortales del sacerdote fueron depositados en la bóveda perteneciente a la Compañía de Jesús.

La oración fúnebre a nombre de la ACU estuvo encomendada a José Ignacio Lasaga:

> Acabamos de depositar en la tierra el cuerpo de uno de los hombres grandes de la historia de Cuba. Solo que fue uno de los que únicamente en el día de la muerte se asoman a la primera plana de los periódicos. Porque la obra del P. Rey fue siempre como son esas grandes corrientes subterráneas que asoman aquí y allá en el serpentear de un arroyo o en el bullicio de una fuente, y que, sin embargo

crean toda la riqueza de una zona desde el nivel oculto del subsuelo.

[…]

Y si hasta hoy no tuvimos más que un Director en esa obra, de ahora en adelante vamos a tener dos: uno en la Tierra a quien vamos a respetar, a obedecer y a querer, porque será el sucesor suyo, y otro en el Cielo, que continuará, como antes, vigilando nuestros pasos y orientándonos, ahora en forma invisible, con sus consejos. Porque yo estoy seguro que en la regia mansión que le ha sido preparada en los Cielos, va a haber siempre una ventana abierta, y va a ser justamente la ventana que mira hacia Cuba.[152]

Por su parte, las palabras del Viceprovincial de Las Antillas R.P. Ramón Calvo, según el *Diario* «fueron más que un despido de duelo, una arenga a la juventud católica cubana y en especial a los agrupados —hijos espirituales del Padre Rey— a proseguir la obra que con tanto tesón había fundado el inolvidable hijo de San Ignacio y que hoy día constituye uno de los pilares de la catolicidad cubana». Así mismo «prometió todo el apoyo de la Compañía para mantener vigente la obra del Padre Rey, e hizo jurar a los agrupados, ante la tumba recién cerrada del fundador, mantenerse unidos para la obra apostólica y católicamente unidos para mantener también fresco y vivo en cada corazón el recuerdo del Padre Felipe Rey de Castro como un homenaje póstumo a su memoria inolvidable».[153]

En los días siguientes, además de las misas en sufragio por el alma del fundador celebradas en la parroquia del Sagrado Corazón de Reina y en la capilla de la Agrupación hubo otras como la que tuvo lugar en la capilla del Convento de las Madres Reparadoras el sábado 16 de febrero a las ocho y media de la mañana y la

---

[152] J.E.F: "Contribución del R. P. Rey de Castro al catolicismo cubano". *Diario de la Marina*, 14 de febrero de 1952, p.23.

[153] Ibidem.

oficiada el lunes 18, a las siete de la mañana, en la Parroquia San José de los Padres jesuitas en Camagüey, auspiciada no solo por los miembros de la ACU residentes allí, sino por aquellos que habían recibido los Ejercicios impartidos por el P. Rey más de una vez en aquella católica región.

Despidiendo el duelo del P. Rey de Castro S.J.

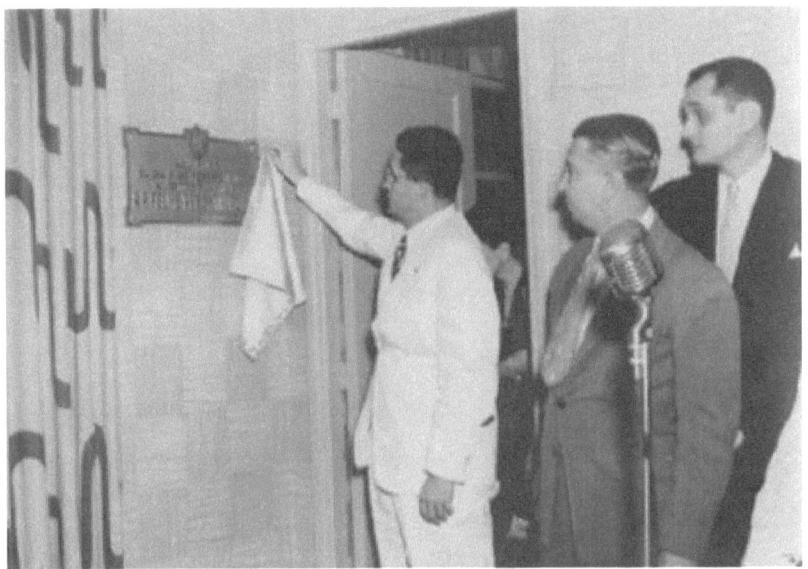

Acto celebrado en el nuevo Salón de Juntas de la ACU la noche del 3 de noviembre de 1952, después del desvelamiento de la tarja y del cuadro al óleo del fundador de la ACU, R.P. Felipe Rey de Castro, SJ.

De izq. a der., Dr. Jorge S. Casteleiro, Presidente, R.P. Amando Llorente, SJ, un asistente, Sr. José Ignacio Rivero, Director del Diario de la Marina, R.P. Juan Suárez, agrupado y párroco de Madruga, R.P. Barbeito, SJ, Sub-Director de la ACU, Dr. Francisco Pérez Vich, R.P., y sentado presidiendo el acto su Eminencia el Nuncio.

XIX
La cosecha

Dos décadas antes de su tránsito a la eternidad, el padre Rey de Castro había escrito —el 12 de junio de 1932, desde Puerto Rico— a su pequeño grupo de congregantes:

> Sigo paladeando lo sabroso de aquella promesa, que me hicieron algunos de VV. al despedirme, a saber: que la Agrupación sabría dar muestras en esta ocasión del espíritu profundamente católico que la anima, y que en consecuencia, ni en la puntualidad y número de los asistentes a la misa de los domingos, ni en las comuniones, ni en la incipiente Guardia de Honor Sabatina de la que yo tanto espero para la Agrupación; ni en nada que signifique vida católica de los agrupados, ha de mostrarse mi ausencia, más aun, hay entre vosotros quien espera, y yo el primero, que todo ello ha de ir en progresivo aumento. Lo contrario significaría que el sembrador y el cultivador de la Agrupación es malo, pues la semilla no descansa desde que se le echa en la tierra.
>
> Si os viera perseverar y crecer en mi ausencia no sería para mí pequeña recompensa de lo poquito que he planeado y trabajado entre vosotros.[154]

Treinta años después aquellos deseos se vieron plenamente cumplidos. El fundador no estaba ya físicamente entre sus muchachos, pero su obra había arraigado de manera tan firme en un

---

[154] Figueroa: *Historia*...p.172.

núcleo de los «selectos» que estos podían continuarla, centrados no solo en un grupo de ideas directrices y de prácticas disciplinadas, sino con una identidad que les permitía continuar y ampliar lo ya construido.

No fue tarea sencilla sustituir al Director. Desde el propio 12 de febrero, Jorge Casteleiro en su condición de Presidente, estuvo a la cabeza de sucesivos Consejos Extraordinarios para garantizar la marcha de la Agrupación y discernir el nombre del posible sustituto. Convocó a para ello a todos sus antecesores en el cargo, así como al más antiguo de los discípulos: Juan Antonio Rubio. Sin embargo, en los primeros días no fue posible hallar un nombre que lograra consenso.

Resultó providencial que el Consejo Directivo acordara designar al Dr. Carlos Martínez Arango para que se dirigiera a los agrupados después de la misa del domingo siguiente, el primero sin el fundador. Este fue capaz de unir en sus palabras su fe cristiana con sus amplios conocimientos de la mente humana, para lograr que, en medio del dolor, pudiera tomarse una decisión que permitiera continuar con la obra:

> Hasta ahora el P. Rey y la Agrupación siendo dos eran para nosotros una misma cosa, de ahora en adelante aunque se asombre nuestro entendimiento y se revele nuestro corazón tenemos que irnos acostumbrando a disociar al P. Rey de la Agrupación. A la persona, de su obra.
> De su obra, planeada por él para que lo sobreviviera.
> De su obra, concebida por él demasiado grande para que durara solamente lo que la vida de un hombre.
> Por tanto en su condición de Director de la A.C.U., el P. Rey tiene que ser substituible.
> Es la dura realidad que esta vida mortal caduca. Pero a nosotros, agrupados, no nos puede quedar duda alguna en el entendimiento, de que Aquel que en su divina e inescrutable

> Providencia nos lo quitó, nos dará igualmente quien lo remplace.
>
> Quien, como él, nos sirva de puente, de eslabón que nos una a quien el P. Rey consideró siempre el verdadero Director de la A.C.U. A Jesucristo, Nuestro Señor, y a su Santísima Madre, María Inmaculada, nuestra Patrona.[155]

Ese mismo día tuvo lugar el tercero y decisivo de los Consejos Extraordinarios. Casteleiro informó de las conversaciones que había tenido con algunos padres de la Compañía. Allí nació el consenso de sugerir como nuevo director al P. Amando Llorente SJ. Éste fue nombrado oficialmente el 24 de febrero y al día siguiente se reunió por primera vez con el Consejo Directivo.

El P. Llorente había conocido a Rey en la época en que era «maestrillo» en Belén y aquél había ido a impartir una tanda de Ejercicios allí. Años más tarde había retornado a Cuba, donde se le encomendó la dirección de la Casa de Ejercicios del Calvario, cargo desde el que estrechó las relaciones con el fundador de la ACU.

De hecho, cuando el P. Amando hizo sus últimos votos el 2 de febrero de 1952, el P. Rey no solo asistió junto a un buen número de agrupados sino que, antes de comenzar la ceremonia, pronunció una plática, que, sin saberlo él mismo, era un reconocimiento al joven que lo relevaría en su cargo menos de un mes después.

El carácter de Llorente era diferente al de Rey de Castro. Era espiritual pero muy dinámico, extrovertido y muchas veces arriesgado en sus labores apostólicas. Mostró un ansia febril de renovación, aunque respetando todas y cada una de las exigencias y tradiciones de la ACU. A él le tocó cosechar mucho de lo que había sembrado su antecesor, así lo demuestran empeños como la ampliación de la sede de la Agrupación; la construcción de la Casa de Ejercicios «Pío XII» en La Coronela; la celebración de los

---

[155] Ibid, p.174.

grandes Vía Crucis los Viernes Santos en El Calvario; la fundación del Buró de Información y Propaganda que publicó sistemáticamente folletos sobre temas de Doctrina Social. Apologética, Moral, Eclesiología y Sociología, así como la ejecución de las dos grandes investigaciones sociales cuyos resultados aún se consultan: una sobre los sentimientos religiosos del cubano y otra sobre las condiciones de vida del campesinado en la Isla.

La memoria del P. Rey siguió acompañando a los agrupados. El 3 de noviembre cuando se inauguró un nuevo salón de juntas en la sede, éste estaba presidido por un retrato suyo, pintado por el fotógrafo y artista cubano Félix de Cossío (1913-1999) y una tarja que recordaba su tránsito a la vida eterna en el sitio donde ocurrió, que en la remodelación del edificio quedaba dentro de dicho salón.

En el primer aniversario del fallecimiento del fundador en 1953 se colocó en Las Yaguas la primera piedra de lo que sería el Colegio Dispensario Padre Rey de Castro que pudo inaugurarse el 8 de febrero del año siguiente.

El número de *Esto Vir* correspondiente a enero de 1953 abre con un editorial escrito por el director de la publicación, Manuel Artime Buesa, titulado «Misión cumplida», en él asegura:

> El día 12 de Febrero se cumple el primer aniversario de tu muerte, Felipe Rey de Castro. Nos presentaremos ante ti con la misma mirada de esperanza y de fe conque íbamos a tu cuarto de Director Espiritual. Nuestras frentes irán altas, iluminadas, y la humedad que opaque nuestros ojos tendrá la grata significación del deber cumplido, porque la conmemoración del primer aniversario de tu muerte, será un recuento, Padre, un recuento del juramento que te hicimos.
>
> [...]
>
> No hubo reorganización de nuestra Congregación, no hizo falta un llamamiento desesperado a la unidad; todo parecía

previamente trazado, instintivamente se apretaron filas, la Agrupación siguió adelante. ¿Fríos con tu muerte? No, fríos no, fríos nunca, el Señor es testigo que en aquella fosa se enterró para siempre un pedazo de nuestro corazón. Que cuando se colocó tu óleo y la tarja en el sitio donde tú moriste, cuando el nuevo Director nos habló de la responsabilidad que contigo teníamos, en todos los rostros había lágrimas y en todos los corazones una herida.

[…]

Pondremos ante ti nuevas obras de apostolado, tandas de Ejercicios Espirituales repletas, guardias sabatinas fervorosas, un avance en la obra de las Yaguas que llevará tu nombre, una mayor intensidad en la formación de cada uno de nosotros. Pondremos ante ti la constancia en lo que nos dejaste y nuevas metas en el camino a Cristo. Y el pastor que nos guía, que ha sabido elevar la bandera que dejaste ondeando sobre tu tumba, también elevará sus ojos al cielo en este día, para desbordar la alegría que reboza en su corazón, y decirte con nosotros: Felipe Rey de Castro, misión cumplida.[156]

La Agrupación Católica Universitaria se había convertido en un auténtico modelo, no solo en la Isla, sino para el resto del mundo católico. Así quedó evidenciado en 1954 cuando, en el Primer Congreso Mundial de la Federación de Congregaciones Marianas, con la participación de delegados de cuarenta países, fue el cubano José Ignacio Lasaga el elegido por gran mayoría de votos como Presidente de esta. Como sustituto de este ante la Federación la ACU designó a Ambrosio González del Valle y Morales.[157]

---

[156] Manuel Artime Buesa: "Misión cumplida". *Esto Vir*, La Habana, enero de 1952, pp.1-2.

[157] Era descendiente de una prominente familia que aportó varios destacados profesionales a la vida intelectual cubana. Hijo del médico cirujano Ambrosio González del Valle y de Dolores Morales. Abogado. Casó con Silvia Fonts con la que tuvo tres hijos: Alberto Antonio, Eduardo Antonio e Ignacio. Se destacó

Parecía una representación exagerada para un país pequeño como Cuba. Por otra parte, es cierto que el P. Llorente había mostrado ya por esas fechas una labor muy dinámica, pero el esplendor de la ACU databa de los días del P. Rey y el reconocimiento era para el trabajo consolidado a lo largo de varias décadas.

No basta con recordar la importantísima presencia de agrupados con un papel relevante en cátedras universitarias, cargos públicos y en la amplísima esfera profesional: médicos, abogados, ingenieros, ni solo en el hecho indiscutible que la gran mayoría habían formado familias sólidas y cristianas, sino también en aquellos que gracias a la formación espiritual recibida había respondido afirmativamente al llamado del Espíritu para ser operarios de la mies de Cristo en el mundo. Esas vocaciones ya a la altura de 1956, solo cuatro años después del deceso del P. Rey, según Manuel Hernández eran «veintisiete agrupados jesuitas y los cuatro sacerdotes seculares, entre los que se contaba un canónigo de la catedral de La Habana».[158] Con el transcurrir de los años esta cifra se elevaría aún más.

Tan entrañable y viva era la presencia espiritual del P. Rey que los agrupados quisieron que sus restos mortales reposaran en el mismo corazón de su obra y los hicieron trasladar a la capilla de la ACU, donde debían reposar definitivamente en la base del altar, bajo la presencia de Jesús Sacramentado y la mirada protectora de la Madre Inmaculada.

---

como agrupado sobre todo por su notable labor como divulgador de temas de catequesis, liturgia y moral cristiana en el Buró de Información y Propaganda (BIP), para el que redactó, en coautoría con Luis Valdés Larrauri el folleto *Evito los hijos y quiero comulgar...* y, como único autor: *El poder de la oración, El don de Dios, la gracia, Siguiendo la misa, Germen de vida eterna y El Cristo total*. Emigró a Estados Unidos tras el triunfo del proceso revolucionario y continuó su labor en la congregación. Recibió el título de Maestro de la Agrupación.

[158] Hernández: *ACU: los primeros*...p.82.

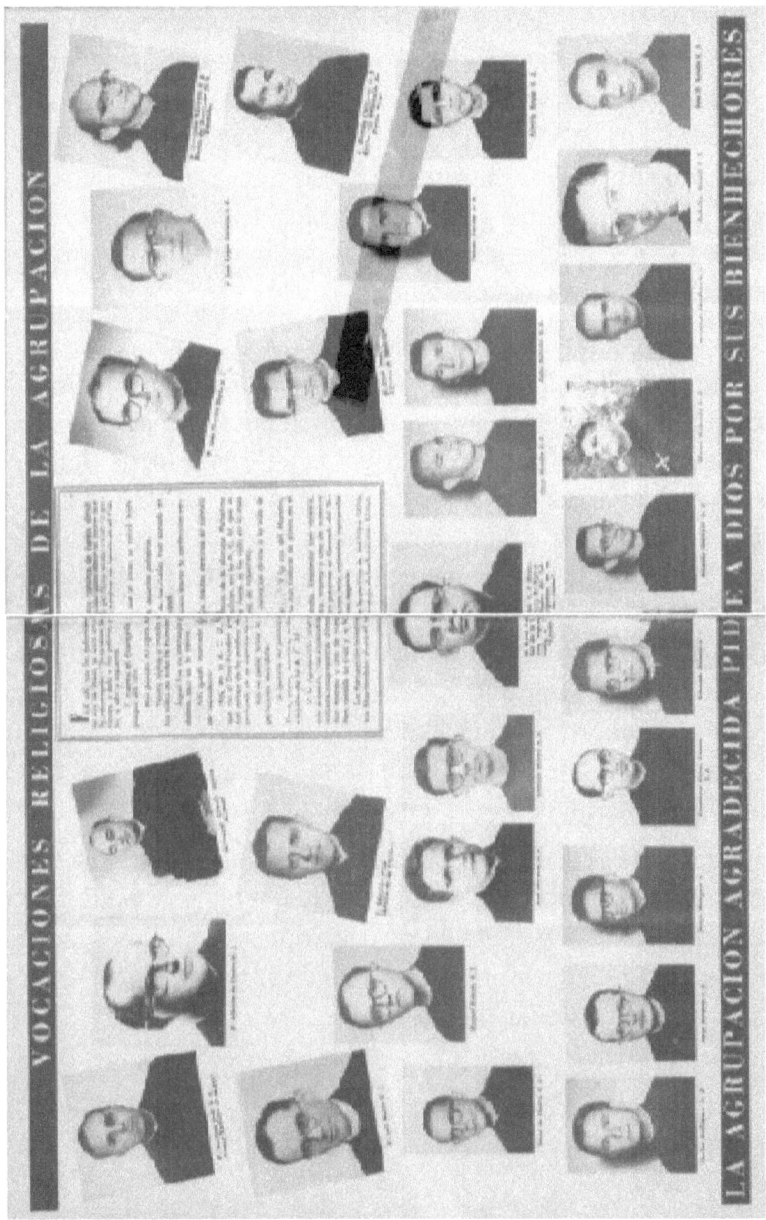

Vocaciones nacidas de la ACU. Foto tomada del Suplemento del Diario de la Marina de 1957

Sin embargo, Dios actúa de forma misteriosa en la historia humana. Llegarían días en que el tono triunfal del editorial de Artime, que reflejaba la satisfacción de los agrupados, se convertiría en todo lo contrario: persecución, exilio, muerte. ¿Por qué? La respuesta podría buscarse en la advertencia de Dios al profeta Isaías: «Porque no son mis pensamientos vuestros pensamientos, ni vuestros caminos son mis caminos —oráculo de Yahveh—. Porque cuanto aventajan los cielos a la tierra, así aventajan mis caminos a los vuestros y mis pensamientos a los vuestros».[159]

Ni el nuevo Director, ni los agrupados con más experiencia política —Rubio Padilla, Fernández Varela— pudieron imaginar que una cadena de acontecimientos que comenzó con la interrupción de la legalidad democrática por un golpe de estado perpetrado el 10 de marzo de 1952, a menos de un mes del fallecimiento de Rey, desataría en la Isla una confrontación política cuya violencia recordaba la de los años fundacionales de la ACU. La resistencia cívica trajo represión y motivó respuestas también violentas. La caída del gobierno en el día inicial de 1959 no sosegó el ambiente. Los que, como el propio Artime, celebraron la ocasión y comenzaron a colaborar con las nuevas autoridades en empeños sociales pronto descubrieron que un frágil gobierno de coalición comenzaba a derivar hacia el socialismo de corte estalinista.

Las protestas de figuras de la sociedad civil y la jerarquía eclesiástica, desde fines de 1959 y hasta 1961, fueron respondidas con medidas draconianas: expulsión de sacerdotes y religiosos, intervención de la enseñanza privada, penas de cárcel y hasta sentencias capitales contra los opositores.

Una época se cerraba alrededor de abril de 1961. El gobierno se había declarado oficialmente socialista y la Iglesia católica, así como otras confesiones cristianas, fueron consideradas como enemigos a derrotar.

---

[159] Isaías 55, 8-9.

La ACU fue satanizada en los medios oficiales. Es sintomático que en medio de la agitación del período, cuando ya era imposible funcionar con normalidad, los directivos de la congregación decidieron devolver los restos del fundador al panteón de los jesuitas en la necrópolis habanera, para protegerlos de lo que ocurriría pocos días después: la sede fue ocupada por milicias gubernamentales y expropiada sin explicaciones. Allí permanecen hasta hoy.

La ACU opulenta, prestigiosa, bien establecida, se había convertido en proscrita en pocos días. Ahora quedaban el Director y cierto número de agrupados, emigrados en Estados Unidos, eran como «el resto de Israel» tras la cautividad. La fe, la constancia e indudablemente la intercesión del padre Felipe, le permitieron arraigar en el exilio.

Habían perdido el edificio construido con tantos sacrificios, sus publicaciones, su espacio social, pero el espíritu de la Agrupación se mantuvo, aclimatado en otra cultura y otras costumbres. Cuba espera el momento de Dios para verla renacer en su tierra, quizá un poco diferente en las formas, pero fiel al carisma que el Espíritu insuflara a Felipe Rey de Castro en los ya lejanos días de 1928.

El interés de los miembros de la ACU en Miami por promover el proceso de beatificación de los padres Rey y Llorente, obtuvo el 17 de enero de 2019 la anuencia del Cardenal Juan de la Caridad García para su desarrollo en la diócesis habanera. Lo que parecía olvidado vuelve a la luz y una historia comenzada hace casi un siglo comienza a mostrar que, como el grano de trigo del Evangelio, aunque parece morir, da frutos insospechados.

Arzobispado de La Habana.
Cancillería.

Yo, Juan de la Caridad García Rodríguez, por la Gracia de Dios y de la Sede Apostólica, Arzobispo de San Cristóbal de La Habana.

Conociendo del interés manifiesto los miembros de la ACU Miami, de tratar de introducir la Causa de Beatificación de los Padres Felipe Rey de Castro y Amando Llorente miembros ejemplares de la Compañía de Jesús, los cuales dedicaron parte de su vida sacerdotal para lograr la participación en la Iglesia de elemento masculino del mundo profesional, procurar su compromiso con el seguimiento de Cristo y la propagación de la Fe católica en el Pueblo Cubano; el primero, realizando con mucho esfuerzo la fundación de la Agrupación Católica Universitaria y, el segundo, continuando la obra emprendida por su antecesor cuando este falleció y, al cesar la obra en Cuba, trasladándose a Miami, continuarla allá.

Vista la necesidad de iniciar este proceso en su primera etapa, sea en Miami, primero y en La Habana después.
Que de iniciarse el proceso de cada caso por separado;

Declaro que NO HAY NINGUNA dificultad de nuestra parte para que se realice en esta Arquidiócesis.

Dado en la ciudad de La Habana, sede del Arzobispado, a los diecisiete días del mes de enero del año del Señor 2 019.

†Juan, Arz. Hab
Juan de la Caridad García Rodríguez
Arzobispo de La Habana

Carta de autorización del Arzobispo de La Habana para la apertura del proceso de beatificación del P. Rey de Castro.

Bibliografía

Actas de la Congregación Mariana de la Inmaculada Concepción y de S. Luis Gonzaga. Archivo Histórico de la Compañía de Jesús en Galicia: Colegio Apóstol Santiago, Vigo, Caja 254.

Agrupación Católica Universitaria. Bodas de plata. Suplemento especial del *Diario de la Marina.* La Habana, domingo 16 de junio de 1957.

Año Mariano en el Colegio del Apóstol Santiago. Archivo Histórico de la Compañía de Jesús en Galicia: Colegio Apóstol Santiago, Vigo.

Argüelles Espinosa, Luis Ángel: «Los refugiados mexicanos en Cuba». *La Palabra y el Hombre,* Universidad Veracruzana, abril-junio 1989, no.70, pp.117-148.

Ayala y Alarcó SJ, P. Ángel: *Antología de formación de selectos.* Selección y edición de Pablo Gutiérrez Carreras. Madrid, Hazte Oír, 2008. Versión en pdf.

Bay Sevilla, Luis: «Un ingenio que pertenece desde hace 122 años a la misma familia». *Diario de la Marina,* 17 de enero de 1946. Versión pdf reproducida por Cuban Genealogy Club, Miami, 2010. Consultado el 19 de agosto de 2022.

Cabada Castro SJ, P. Manuel: *Sobre el P. Felipe Rey de Castro. Datos sueltos o complementarios,* 2018. Texto digitalizado en Archivo de la ACU, Miami.

Calvo SJ, P. Ramón: «Palabras en el entierro del P. Felipe Rey de Castro». Tomado de *Diario de la Marina,* 10 de febrero de 1952, Sección Católicas, s/p. Foto de un recorte en Archivo de la ACU.

Cartas Edificantes de la Provincia de Castilla. Bilbao, La Editorial Vizcaína, 1919.

Castro, Sor Benita OSB: *Carta al Dr. Jorge Casteleiro,* 2 de abril de 1952. Texto fotocopiado en Archivo de la ACU, Miami.

Cátedra de Farmacología. CUADERNOS DE HISTORIA DE LA SALUD PÚBLICA 105. Consultado en http://scielo.sld.cu/pdf/his/n105/hist06.pdf el 21 de septiembre de 2022.

Comunicación de la Embajada de Cuba al Departamento de Estado de Estados Unidos sobre personal en los consulados cubanos en ese país. 5 de marzo de 1948. Original mecanografiado en los Archivos del Departamento de Estado. Versión en pdf.

Cuesta, Leonel de la: «Evocación de Villanueva». *Otro Lunes,* Revista hispanoamericana de cultura. Consultado en http://otrolunes.com/archivos/16-20/?sumario/estelunes/evocacion-de-villanueva.html, el 21 de noviembre de 2022.

_____:«Yo Fidel, a los 65 años». *Otro Lunes,* Revista hispanoamericana de cultura. Consultado en http://otrolunes.com/archivos/16-20/?hemeroteca/numero-18/sumario/este-lunes/yo-fidel-a-los-65-anos.html, el 21 de noviembre de 2022.

Chacón y Calvo, José María: «La muerte del Padre Rey de Castro». *Diario de la Marina,* 15 de febrero de 1952, p.4.

Damas de Acción Católica: «Aviso de la Rama C de Acción Católica Cubana». *Diario de la Marina,* viernes 7 de diciembre de 1951, p.22.

Domingo Cuadriello, Jorge: «En el centenario del Bando de Piedad». *Palabra Nueva.* La Habana, no. 155, septiembre, 2006. Consultado en http://www.palabranueva.net/contens/09/000103-3.htm, el 19 de noviembre de 2022.

«El Padre Lombardi, S.J.». *Por un mundo mejor. Servicio de animación espiritual.* Página web consultada el 24 de noviembre de 2022 en http://www.porunmundomejor.com/wordpress/somos/el-padre-lombardi/

Fernández Caubí, Luis: *La muerte es ganancia* [1971]. Testimonio mecanografiado en Archivo de la ACU, Miami.

Fernández Santalices, Manuel: *Presencia en Cuba del Catolicismo. Apuntes históricos del siglo XX.* Caracas, Fundación Konrad Adenauer, 1998.

Figueroa y Miranda, Dr. Miguel: *Historia de la Agrupación Católica Universitaria 1931-1956.* Agrupación Católica Universitaria, Miami, 2020.

_____: *Ideario de la Agrupación Católica Universitaria.* Ejemplar mecanografiado en Archivo de la ACU. Versión digital.

Friguls, Juan Emilio: «El Padre Lombardi y Cuba». Sección *Actualidad Católica. Diario de la Marina,* 14 de noviembre de 1951, p.8.

_____: «Llega hoy el famoso predicador sagrado Padre Lombardi». *Diario de la Marina,* viernes 7 de diciembre de 1951, p.1.

_____: «El Padre Lombardi». *Diario de la Marina,* domingo 16 de diciembre de 1951. Suplemento *7 días en la República,* p.6.

_____: «Contribución del R. P. Rey de Castro al catolicismo cubano». *Diario de la Marina,* 14 de febrero de 1952, pp.1 y 23.

García Sánchez, Ph. D.Sixto: «Karl Rahner y la identidad cubana. Reflexiones sobre un amor improbable». Instituto de Política Internacional UFV, Madrid. Apuntes 14, 9 de octubre de 2020. Consultado en https://ipi-ufv.com/wp-content/uploads/2020/10/Apunte-2020-14-Karl-Rahner-y-la-identidad-cubana.pdf, el 14 de septiembre de 2022.

García Alonso, Aida: *Manuela la mexicana.* Mención Ensayo, 1968. Editorial Casa de las Américas, La Habana, 1968.

Hernández, Dr. José Manuel: *Agrupación Católica Universitaria. Los primeros cincuenta años.* Agrupación Católica Universitaria, Miami, 1981.

Hernández Egea, Enrique: Memoria del proyecto para la construcción de la sede de la ACU. Ejemplar mecanografiado, 18 de noviembre de 1938. Archivo de la VPA en La Habana.

Himno de la Agrupación Católica Universitaria, partitura con la letra. Contiene anexos cinco pliegos con firmas de Rey de Castro y agrupados y el Programa de la Velada para celebrar la bendición de la bandera y primera audición del Himno de la Agrupación Católica Universitaria, 6 de mayo de 1943. Disponible en versión digital en https://static1.squarespace.com/static/5cdd76d3523958fe9a568bbf/t/62b1e88c56a658326b38fa8c/1655826634411/Velada+para+cel ebra+la+bendicion+de+la+bandera+e+himno.pdf Consultado el 29 de septiembre de 2022.

Huerta, René de la: «El P. Rey que conocí dentro de la ACU». *Esto Vir,* marzo de 1952, pp.14-15.

Ignacio de Loyola, San: *Ejercicios espirituales.* Texto autógrafo. Biblioteca Digital Universal, Editorial del Cardo, 2003.

_____: *Cartas.* Madrid, Imprenta de la viuda e hijo de Aguado, 1875.

_____: *Carta sobre la obediencia a los estudiantes de Coimbra.* Consultado en http://www.cmasuncion.org/lectura-espiritual/item/12-carta-sobre-la-obediencia-de-san-ignacio-de-loyola, el 11 de agosto de 2022.

Informe del P. Felipe Rey de Castro sobre la posibilidad de establecer según sus fines la Agrupación Católica Universitaria. Texto mecanografiado sin fecha en Archivo de la VPA en La Habana.

Lasaga, Dr. José Ignacio: *¿Qué es la ACU?* Folleto sobre la Agrupación Católica Universitaria. La Habana, Buró de Información y Propaganda, s/f [195?].

Leiseca, Juan Martín: *Apuntes para historia eclesiástica de Cuba.* La Habana, Talleres Tipográficos de Carasa y Compañía, 1938.

Los Ministros de Salud Pública en Cuba. **ACIMED.** La Habana, septiembre-diciembre, 1998. ISSN 1024-9435.

Milián, Eduardo: «La Nochebuena Martiana». Consultado en Leer más: https://cuba-historia-y-valores-c.webnode.es/news/la-nochebuena-martiana1/ el 25 de octubre de 2022.

Pío XII: Constitución Apostólica *Bis saeculari die.* Sobre las congregaciones marianas. 27 de septiembre de 1948. Dicastero per la Comunicazione - Libreria Editrice Vaticana.

_____: *Discurso a las Congregaciones Marianas.* 21 de enero de 1945. Consultado en https://cupdf.com/document/discurso-pio-xii-a-las-congregaciones-marianas.html el 27 de junio de 2022.

Rey de Castro, P. Felipe: Carta al R.P. Viceprovincial, sin fecha. Documento mecanografiado en papel timbrado de la Residencia del Corazón de Jesús de los P.P. Jesuitas. Archivo de la Viceprovincia de las Antillas, La Habana.

_____: Nota al R.P. Viceprovincial, junio de 1938. Documento manuscrito en papel timbrado del Colegio de Belén. Archivo de la Viceprovincia de las Antillas, La Habana.

_____: Nota al R.P. Ramón Calvo, Prepósito de la Viceprovincia de Cuba, Ejercicios Espirituales, junio de 1938. Documento manuscrito en papel timbrado del Colegio de Belén. Archivo de la Viceprovincia de las Antillas, La Habana.

Rivas Villa S.J, P. Ramón y Dr. Roberto Méndez Martínez: *Introducción a la historia de la Iglesia Católica en Cuba.* Fondo Histórico Jesuitas en Cuba, La Habana, 2021.

Rivera Vázquez, Evaristo: *Colegio Apóstol Santiago. Historia de una larga peregrinación.* Vigo, Colegio Apóstol Santiago, 1993.

Rodríguez Díaz, Mons. Antonio: «Monseñor Evelio Díaz Cía, el arzobispo mártir». *Palabra Nueva,* 19 de septiembre de 2018. Consultado en https://www.palabranueva.net/mons-evelio-diaz-seguiria-gobernando/ el 22 de noviembre de 2022.

_____: «Los que se quedaron». *Palabra Nueva,* La Habana, no.299, abril-junio, 2022, p.29.

Rosa Mística. A classic vignette of the Agrupación Católica Universitaria. Publicación de la ACU, Miami, sin fecha [circa 2021]. Versión digital.

Rubio Padilla, Juan Antonio: «¿Ha habido una revolución en Cuba?». *Bohemia,* 23 de octubre, 1949, p.3 y 157. Reproducido en *Cuadernos de la Universidad del Aire del Circuito CMQ.* No.11. Tercer Curso (octubre 1949-junio 1950), «Actualidad y destino de Cuba». La Habana, Editorial Lex, diciembre de 1950, pp.31-37.

Ruiz Leiro, Dr. Armando: «Palabras del Dr. Armando Ruiz Leiro aceptando y agradeciendo a la *National Association of Cuban-American Educators*, NACAE, la nominación de Educador del Año 1995, en la Cuarta Conferencia Anual celebrada en Miami, Florida, 12 y 14 de octubre de 1995» [Precedida por una carta de Ricardo Arias Calderón al Dr. A.R.L. del 18 de enero de 1996]. Versión digital en http://bdigital.binal.ac.pa/iah/PDFRACAL/4.40.5.8.pdf. Consultado 19 de septiembre de 2022.

Sáez SJ, P. José Luis: *Presencia de los jesuitas en el quehacer de Cuba. Dos etapas y casi cuatro siglos de historia.* Tomo I (1569-1961).Pontificia Universidad Javeriana, Bogotá, 2016.

Santa Cruz y Mallén, Francisco Xavier de: *Historia de familias cubanas.* Tomos I-VI, La Habana, Editorial Hércules, 1940-1950. Tomos VII-IX, Miami, Ediciones Universal, 1985-1988.

Testimonio de Juan Ramón Salvat. Enviado por correo electrónico. Miami, 23 de enero de 2023. Archivo del autor.

Testimonio del P. Sergio Figueredo SJ a favor del P. Felipe Rey de Castro SJ. Iglesia de Gesú, Miami, enero de 2021. Transcripción digital de Efraín Zabala. Archivo de la ACU, Miami.

Testimonio oral #1 (Editado). PP. Felipe Rey de Castro (1889-1952) y Amando Llorente Villa, SJ (1918-2010). Jorge Betancourt, Frank Salas y Pablo López – 8 de mayo de 2018. Archivo digital en formato pdf.

Torreira Crespo, Dr. Ramón: «Breve acercamiento a la historia de la Iglesia católica en Cuba: conquista, colonización y pseudorrepública». Consultado el 3 de noviembre de 2022 en: http://biblioteca.clacso.edu.ar/ar/libros/cuba/cips/caudales06/fscommand/52T13.pdf

Uría, Ignacio: *Iglesia y Revolución en Cuba.* Ediciones Encuentro, Madrid, 2011.

Varios: *La Voz de la Iglesia en Cuba. Cien documentos episcopales.* Obra Nacional de la Buena Prensa, México, D.F., 1995.

Zardoya Loureda, María Victoria: «Entre crónicas y críticas. Los barrios de indigentes de La Habana vistos por la prensa». *1930-1959. Arquitectura y Urbanismo*, vol. XLI, núm. 1, pp. 06-20, 2020. Consultado en https://www.redalyc.org/journal/3768/376862818002/html/, 15 de julio de 2022.

Apéndice

 ## Libro de la Vida

"...Ciudad Santa, Jerusalén, que bajaba del Cielo...
sólo entrarán [en ella] los inscritos en el libro de la vida del Cordero".
— Ap 21: 10, 27

Consagrados a Jesús por María en la Agrupación Católica Universitaria

1931-1939

1. Juan Antonio Rubio Padilla
2. P. Ricardo Chisholm Fernández, SJ
3. Ataulfo Fernández Llano
4. Angelberto de Coro del Pozo
5. César Incera Soriano
6. Roberto Incera Soriano
7. César Rey Rodríguez
8. Julio Andino Pella
9. Eduardo Chilsholm Fernández
10. Rafael Díaz Masvidal
11. Cecilio González Vallejo
12. Alfonso Gutiérrez Sanabria
13. Ernesto Gutiérrez Sanabria
14. Ovidio de Laosa Capote
15. José Ignacio Lasaga Travieso
16. Padre René León Lemus
17. Oscar Lombardo Valladares
17A. Alberto Petit Hernández
18. José Mario Mariña Esquirol
19. Carlos Martínez Arango
20. Ismael Orta Lemus
21. Enrique Oslé Tur, SJ
22. Hno. Miguel Pichardo Peñalver
23. Juan Simón Gutiérrez
24. Padre Juan Suárez Pérez
25. Armando Trelles Reyes
26. Pedro H. Cruz Nogués
27. Mario Alcoz Gómez
28. Enrique Amorín de Armas
29. Debuit deleri
30. Mons. Calixto García Raineri
31. Alfonso Ledo Rodriguez
32. Aurelio Montez Medina
33. Luis Morse Delgado
34. Manuel Otero Ruisánchez
35. Antonio Solinde Gómez
36. P. Juan Suárez Pino
37. Pompirio de la Vega Gander
38. Alfredo Vidal Pérez
39. Julio Alfara Cárdenas
40. José Alvarez Díaz
41. Sergio Alvarez Mena
42. Padre Alberto de Castro Rojas
43. Francisco Cuadra Aguirre

44. René Font Canto
45. Francisco Gómez Hernández
46. Juan José Gómez Hernández
47. Eugenio Jiménez Fumagalli
48. José M. Lázaro García
49. Manuel Meza Santo Domingo
50. Francisco Pérez Vich
51. Andrés del Pino Santua
52. Aníbal de los Reyes Noreña
53. Osvaldo Rodríguez Rodríguez
54. José María Rouco Ajá
55. Luis Felipe Salazar
56. Manuel Suárez Carreño
57. Andrés Triny Rodés
58. Juan José Varela Alvarez
59. Luis de Velasco Castellanos
60. Ramón Barcia Conejo
61. Emilio Fernández García
62. Antonio de Goicoechea Cosculluela
63. Manuel Maza Páez
64. José Ramón Miquel Franca
65. Marino Pérez Durán
66. Aureliano Rodríguez Hernández
67. Rafael Talavera Gastón
68. Alfredo Alexander Riva
69. P. Fernando Azcárate Freyre de Andrade
70. Debuit deleri
71. Félix Chediak Ahuayda
72. Santiago Choca Garganta
73. Armando Ruiz Leiro
74. Hector Trelles Reyes
75. Miguel Figueroa Miranda
76. Virgilio Lasaga Castellanos
77. Eladio Armengol Alonso
78. Celso Bilbao Paz
79. Obispo Eduardo Boza Masvidal
80. Guillermo Bravo Viña
81. Enrique Capote Trespalacios
82. Víctor Carriba Rodríguez
83. Guillermo A. Cowley Morales
84. Antonio Chaves Figueredo
85. Felipe España Bárcena
86. Ángel Fernández Varela
87. Alfredo Gasell Díaz
88. Gabriel González Regalado
89. Braulio López Martiarsu
90. José Mieres Cuartas
91. Antonio Pereira Naveira
92. Baldomero Pichardo Peñalver
93. Manuel Luis del Riego González Mata
94. Esteban Rodríguez
95. Oscar Antonio Sala Marrero
96. José Sust Mendez
97. Félix Temes Montenegro
98. Manuel de la Torre Rosell
99. Debuit deleri
100. Debuit deleri
101. Arnaldo Aponte Frau
102. Alberto Armengol Alonso
103. Francisco Barrera Cañedo
104. Gabriel Cuadra Aguirre
105. Francisco Ferrán Rivero
106. Francisco García Bengoechea
107. Luis Homero de la Osa Capote
108. Manuel López Pérez
109. Miguel Luis Morera
110. Abelardo Martínez Escoto
111. Alfonso Matas Larrañeta
112. Octavio Morán Freire
113. Manuel Otero Oliva
114. Gonzalo Pérez Durán
115. Eugenio Revilla García
116. P. Luis Ripol Galán
117. Manolo Vega Penichet
118. Emilio Azcárate Freyre de Andrade
119. Alberto Borges
120. Leopoldo Cancio
121. Jorge Casteleiro Colmenares

122. Alfredo Cortés
123. Orlando Chils Cruz
124. Andrés Delgado Sánchez
125. Víctor Durán
126. José J. Estraviz Sueiras
127. Enrique Ferrer
128. Enrique Fiol Villageliú
129. Juan Fiol Villageliú
130. Carlos Iduarte Andux
131. Agustín Irulegui Soto
132. José Antonio López García
133. Orlando López García
134. José López García de Villalta
135. Bartolomé Monserrat Cardell
136. Jorge Morejón Curiel
137. Alfredo Pereira Naveira
138. Enrique Salabert Toscano
139. Roberto R. Arellano Cano
140. Marcelo Alonso Roca
141. Ángel Alvarez García
142. José R. Agüero Gastón
143. Jorge Betancourt Manrara
144. Leonardo Bravo Viña
145. Alberto Córdova Cordovés
146. Luis María Cowley Morales
147. Luis Cuza Ramírez
148. Juan Chaves Figueredo

149. Luis Fernández Urtiaga
150. Rafael Ferrándiz Zaratiegui
151. Pedro Figueredo Claréns
152. José Alonso García Otero
153. Luciano de Goicoechea Cosculluela
154. Máximo Gómez Vilá
155. Virgilio Lasaga Travieso
156. Álvaro Ledón Ferrán
157. Nivio López Pellón
158. Renán A. Lorenz Navarro
159. Jorge Miquel Franca
160. Jaime Montserrat Cardell
161. Raúl Olivera Borges
162. Aquilino Ordoñez Carceller
163. Jaime Ordoñez Carceller
164. Raúl Ricardo Piñeiro Pujol
165. Juan Plasencia Cosculluela
166. Néstor Porto Jorrín
167. Leandro Rueda Morales
168. Rafael Sánchez Pérez Uría
169. Guillermo Schulz Obadín
170. Octavio Smith Foyo
171. Ignacio Suárez Carreño
172. Fernando J. Subirats Rubio
173. Debut deleri
174. Francisco de la Torre Madraza
175. Benigno Villadóniga Rodríguez

Pase 1940-1949

176. Federico Arvesú Gasset del Castillo
177. Manuel Carreña Camps
178. Efrén Córdova Cordovés
179. Gerardo Coterillo Serna
180. Ramón Choca Garganta
181. Luis Cowan Fernández
182. Andrés Domínguez Mausset
183. Juan Domínguez Mousset
184. Fernando Figueredo Clárens

185. Antonio Fojo Bujosa
186. Debuit deleri
187. Francisco Irañeta Irañeta
188. Manuel Jiménez Figueredo
189. Agustín Jover Tristá
190. Rigoberto Amado León Díaz
191. Carlos Maruri González
192. Felipe Mencía Gutiérrez
193. Roberto Ortiz Crabb

237

194. Debit deleri
195. Jorge Peón Pérez
196. Pablo Pérez Baquedano
197. José Luis Ripol Galán
198. Enrique Rubio Rubio
199. Serafín Sáenz Basarrate
200. Pedro Santa Cruz Goicoechea
201. Rafael Santa María Martínez
202. Luis Valdés Larralde
203. Manuel Vilaret Aguiar
204. Guido Ascanio de los Santos
205. Alberto Camacho Lagomasino
206. Manuel Carbonell López
207. Pedro Carrillo González
208. José Coutin Monne
209. José Albino Currais Fernández
210. Juan Manuel Dorta-Duque Ortiz, SJ
211. Luis Echevarría Capó
212. Luis P. Garrigó Fernández Valle
213. Melchor Gastón Segrera
214. Manuel Gutiérrez Ortíz
215. Octavio A. Hernández Ortíz
216. Fermín Iduate Andux
217. Ángel Lamela López
218. José Antonio López Naranjo
219. Guillermo Martínez Díaz
220. Ricardo Martínez Ferrer
221. Fernando Martínez Izquierdo
222. José Menéndez Vallejo
223. José Antonio Mestre Sirvén
224 Domingo Nazabal Alvarez
225. Juan O'Nagshen Arango
226. Alfonso Ortega Lanza
227. Juan Ortega Lanza
228. Debuit deleri
229. Victoriano Pardo Menéndez
230. Jesús Pardo Viadero
231. Rafael Portuondo Bello
232. Manuel Prado Rodríguez
233. Benito H. Pratts Respalls
234. Fernándo Quintana Arias
235. Carlos Ripoll Galán
236. Alberto Roque Fernández
237. Orlando Ruiz Leiro
238. Francisco Sala Parera
239. José Antonio Sánchez Martínez
240. Luis Santamarina Muriño
241. Luis Sixto Guerra
242. Evelio Tabío Roig
243. Claudio Ramírez Arellano
244. Antonio Alonso Avila
245. Manuel Alonso Fernández
246. Rafael Andino Ovies
247. Rafael Bedia Pérez
248. Armando Bermúdez López
249. Rubén Bush Santos
250. Carlos Carrillo González de Méndez
251. Francisco Carrillo González
252. Nicolás Colás Velázquez
253. Fernando Costales Sáenz
254. José Luis Espiniella Álvarez
255. Manuel Fariñas Díaz
256. Eduardo Fernández Canal
257. Ángel Figueredo Clarens
258. Enrique Ganzedo Ruíz
259. Guillermo García Tuñón
260. Ambrosio González del Valle
261. Julio Luis Hernández Ortiz
262. René de la Huerta Aguiar
263. José Manuel Miyares Rodríguez
263A Ramiro Rencurrell Ceballos
264. Rafael Malina Sabucedo
265. Miguel Palmer
266. Emilio Perea Michelena
267. Javier Puig García
268. Ramón Rasco Bermúdez
269. Ángel Radón Badell
270. Carlos Rubí Malavez

271. Efrén Surís Ramírez
272. Carlos Zaboada Millás
273. Ignacio Tamayo Mesa
274. Juan Tapia Tamayo
275. Jorge Alberto Valdés
276. Jaime Valhey Arias
277. Joaquín Viadera Wyatt
278. Ignacio Warner Landa
279. José Eduardo Acosta Martínez
280. José D. Acosta Sotolongo
281. Juan F. Aguilar León
282. Ramón Arias Arias
283. José Arruza Cristino
284. Antonio Arvesú Gasset del Castillo
285. Luis Bango Giroud
286. Antonio Barquet Chediak
287. Lorenzo Barquín y Ruiz
288. Pablo Carreño y Camps
289. Alejandro Carrió y Caballero
290. José Orestes Castellanos Averasturi
291. Joaquín Clavería Ferrer
292. Pedro Coll Llach
293. Francisco Contijock Yanci
294. Rodolfo Díaz Pons
295. José Antonio Fernández Bacallao
296. Raúl Fernández Llorca
297. Otto Francesch Renzola
298. Nicolás B. García de Celis
299. Pedro Manuel González Fernández
300. José Luis González Portal
301. Agustín de Goytisolo Recio
302. José Manuel Hernández Puentes
303. Gonzalo Lage Ranzola
304. Gustavo Lage Ranzola
305. Antonio Lasaga Travieso
306. Eduardo Madan Alfonso
307. Emilio Arturo Maril Rivero
308. Antonio Martínez Izquierdo
309. Alberto Oteiza Arjona

310. José Padilla Lagomasino
311. Álvaro Pérez López
312. Raúl Pino Arango
313. Pedro Pablo Pujals Hernández
314. Ramiro Rodríguez Queral
315. Ernesto Rojas Castro
316. Héctor Romeu González
317. Antonio Rubio Rubio
318. César Sabucedo Sabucedo
319. Jorge Salazar Dobarganes
320. Debuit deleri
321. Joaquín Nin Cullmell
322. Manuel Estrada Santaya
323. Debuit deleri
324. Oscar Aizcorbe de la Presa
325. Ismael Angulo Cuellar
326. Genaro Cal Pujol
327. José F. Martínez Piedra
328. Antonio Silva Ferrer
329. Francisco L. del Valle Goicoechea
330. Fernando Andino Ovies
331. Perfecto Arango Arenas
332. Roberto Fernández Morrell Batista
333. Antonio Pérez Alonso
334. Francisco L. Pérez SJ Lerena
335. Marco Ant. Suárez González del Burgo
336. Jorge Echarte Romero
337. Jorge Sardiña García Menocal, SJ
338. Antonio González Mora Ferrer
339. Enrique Hernández Miyares Chávez
340. Antonio Marrero Gutiérrez
341. Ricardo Arellano Suárez
342. Valentín Arenas Amigó
343. Virgilio Acosta Martínez
344. José Ignacio García Bengoechea
345. Ceferino Catá Lage
346. Luis Parajón Díaz
347. José Ignacio Rasco Bermúdez

348. Virgilio E. Beltrán Allen
349. Ignacio Fernández Díaz
350. Benjamín Fernández Menéndez
351. Oscar de Castro Sarría
352. P. Fernando Martínez Caula, SJ
353. José Zayas Rodríguez
354. Roberto Pons Candis
355. Francisco Barroso Machín
356. Raúl Rogés Suárez
357. Luis Fernández Caubí
358. Adolfo Tomás Morales de la Concepción
359. Andrés Raúl Arango Mestre
360. Luis Arias León
361. Juan F. Ascanio Sampera
362. Manuel Díaz Suárez
363. Claudio Escarpenter y Fargas
364. Luis Martínez Iribarren
365. Rolando Rodríguez Fernández
366. Frank Salas Henríquez
367 Roberto Salomón Rugarcía
368. Emilio San Martín San Martín
369. Ricardo Moreira Bandini
370. Basilio del Real Cuervo
371. Otto Díaz Díaz
372. Miguel Kohly de la Torre
373. José R. Adán Espinosa
374. Mario Ambrós López
375. Eugenio González de Méndez
376. Carlos Bujosa Vázquez
377. Antonio Domínguez Mousset
378. Mariano Dumás y del Portillo
379. Eugenio Erquiaga Urquía
380. José Escarpenter Fargas
381. Luis Figueroa Miranda
382. Juan Agustín Gómez Gallet Duplessis
383. Alberto Iglesias Núñez
384. Emilio López González
385. Francisco López Macías
386. Radamés Martínez Alvarado
387. Emiliano Machado Pardo
388. Raúl Morffi Iglesias
389. Debuit deleri
390. José Luis Pérez de Grande
391. Ramón Rodríguez Aguirre
392. Manuel Sanjurjo Paz
393. José Ramón de la Vega Falcón
394. Alberto de la Vega Falcón
395. Luis Vals Angulo
396. Luis Suárez Carreño
397. Alberto Arango Mestre
398. Jorge Arango Mestre
399. Eduardo Arango Varona
400. Roberto Bandín Cruz
401. Antonio Curbelo Leonard
402. Armando Diego Gallo
403. Raúl Echenique González
404. Salvador Juncadella Gama
405. Elpidio Lapinel Escalante
406. Rafael F. Madan Heydrick
407. Mario Martínez Delgado
408. Alberto Martínez Piedra
409. José Maseda Menéndez
410. Carlos Moreira Bandini
411. Felipe Ortíz Gómez
412. Francisco Ortíz Muñoz
413. Lino Pérez Gómez
414. Rafael Portuondo Arnaz
415. Reinaldo Poveda Iñiguez
416. Esteban V. Prellezo del Barrio
417. Vicente Rangel Rivera
418. Eugenio Salomón Rugarcía
419. Miguel Ángel Tomé Biosca
420. José Antonio Cubeñas Peluzzo
421. Pedro Achaval Dávila
422. Adrián Alcoz Cándano
423. Adolfo Arenas Amigó
424. Enrique Arenas Amigó

425. Aurelio Barreta López
426. Jerónimo Boza Boza
427. José Carlos Domínguez del Rosal
428. Otto Fernández Reyes
429. Fabián Lacret Subirats
430. Rinaldo Lago Carbonell
431. José Martínez Delgado
432. José Manuel Meredic de la Campa
433. Debuit Deleri
434. Miguel Ángel Orue Delgado
435. Roberto Oteiza Carricarle
436. Raúl Blanco Quintana
437. Pedro Rafael Faraj
438. Antonio Ravelo Nariño
439. Luis Ros del Castillo
440. Carlos de la Torre Alcoz
441. Antonio del Valle Goicoechea
442. Plinio Villanueva Armentero

Pase 1950-1951

443. Carlos Acosta Martínez
444. Alberto Andino Bolívar
445. Alberto Armas Pérez
446. Felipe Aróstegui Ubernaga
447. Manuel Artime Buesa
448. José Luis Balbona Menéndez
449. Raúl Betancour Ramos
450. César Baró Esteva
451. Rolando Bernal Méndez
452. Julio Bordas Alonso
453. Roberto Burgaleta Fernández
454. Andrés Cao Mendiguren
455. Roberto Diego Gallo
456. José Enrique Echemendía Pérez
457. Alfredo Fernández González
458. Lino B. Fernández Martínez
459. José Manuel Fernández Pérez
460. Julio García Oliveras
461. Julián Gómez Rodríguez
462. Juan Ignacio Gutiérrez Regil
463. Manuel Hernández Acosta
464. Jorge Hernández Miyares
465. José Ignacio Marqués Lancís
466. Ricardo Martínez Vascos
467. Emilio Montero Machado
468. Rodolfo Ortiz Sánchez
469. Francisco Pérez Blanco
470. Rafael Pina Gali
471. Aníbal Porta Bolaños
472. José Rubio Barrios
473. Alexánder Saker Sr. Hani
474. Félix Solaún Zabala
475. Guillermo Antón Romero
475. Jorge Suárez Marrill
476. Manuel Vigil Rodríguez
477. Rafael Yaniz Pérez
478. Arnaldo Abreu Rivas
479. Manuel Antón Zapatero
480. Antonio Arruza Man
481. José Báez Mujar
482. José Joaquín Balerdi Oyarbide
483. Carlos M. Barba García
484. Celestino Borrón Carreras
485. Joaquín Bosque Cárdenas
486. Luis de Jesús Caballero Valdés
487. Joaquín Camella Anclada
488. Pedro Entenza Escobar
489. José Raúl Corujo Blanco
490. José Antonio Esnard Lacorbe
491. Jorge Fernández Montejo
492. Luis Gómez Sainz-Terrones
493. Orlando González Betancourt
494. Augusto Gutiérrez Gutiérrez

241

495. Alfredo Hernández Díaz de Acevedo
496. Francisco Javier Márquez Arechabala
497. Sergio Miguel Martí Martínez
498. Ernest Martín Fuste
499. José Mela Pérez
500. Jorge Menéndez Arenas
501. Vicente Nonell Espiniella
502. Ernesto Núñez de Villavicencio Chacón
503. Santiago Núñez de Villavicencio Chacón
504. Manuel Alberto Pedrozo Pelegrín
505. Fernando Pérez Montes
506. Antonio Pérez Rodríguez
507. Joel Raurell Vidal
508. Rafael Rodríguez Fernández
509. Juan José Sotus Romero
510. Pedro Luis Tamayo de la Torre
511. Juan José Tetzeli Deym
512. Rev. Carlos García-Carreras Seís
512. Carlos de la Uz y Arenal
513. Carlos del Valle González de Méndez
514. Luis López Álvarez

www.ingramcontent.com/pod-product-compliance
Lightning Source LLC
Chambersburg PA
CBHW030516080526
44586CB00011B/213